Schloss Miramare
Das Historische Museum

Miramare
Soprintendenza per i Beni Ambientali Architettonici
Archeologici Artistici e Storici del Friuli - Venezia Giulia

Schloss Miramare
Das Historische Museum

Rossella Fabiani

Electa

Umschlag
Saal XV, der Audienzsaal

Übersetzung
Petra Arndt

Photoarchiv Electa / Sergio Anelli
Die Zeichnungen auf den SS. 22-23
und 64-65 sind von Andrea Corbella /
Bell'Italia, 95, März 1994

Neue Auflage 2003
Erste Ausgabe 2001

Eine Veröffentlichung von Mondadori
Electa S.p.A., Mailand

www.electaweb.it

Inhalt

8 Der Auftraggeber

14 Das Schloss

26 Die Besichtigung des Museums

66 Der Park

72 Literaturhinweise

Der Auftraggeber

Maximilian von Habsburg
Das Schloss Miramare zu besichtigen, bedeutet auch den Erzherzog Maximilian von Habsburg kennen zu lernen, der von 1864 bis zu seinem tragischen Tode am 19. Juni 1867 Kaiser von Mexiko war. Dieser Bruder von Franz Joseph, dem Kaiser von Österreich, ist durch sein tragisches Ende bekannt geworden, das in ganz Europa gewaltigen Aufruhr hervorgerufen hat. Park und Schloss zeugen von der Willensstärke dieser Persönlichkeit und lassen sein Interesse an Kunst und Natur wiederaufleben. Hier hat Maximilian zusammen mit seiner Gemahlin Charlotte von Belgien seine glücklichsten Jahre verbracht, doch vor Allem hat er einen märchenhaften Wohnsitz mit einem prächtigen Garten geschaffen, wo sich Traum und Wirklichkeit, Geschichte und Legende überschneiden und mit dem Bildnis des "blonden Kaisers und seiner schönen Frau" eins werden. Ferdinand Maximilian, in der Familie Maxi genannt, wurde am 6. Juli 1832 als Sohn des Erzherzogs Franz Karl von Habsburg und dessen Gemahlin Sophie von Wittelsbach in Schönbrunn geboren. Zwei Jahre zuvor war sein Bruder Franz Joseph zur Welt gekommen, der mit achtzehn Jahren am 2. Dezember 1848 den Kaiserthron bestieg. Zusammen mit seinen Brüdern Franz Joseph und Karl Ludwig genießt er in seiner Kindheit und Jugend eine allumfassende Erziehung und Ausbildung. Schon im zartesten Jugendalter tritt die phantasiebegabte und begeisterungsfähige Persönlichkeit dieses romantischen und verträumten Jungen mit seiner reichen Einbildungskraft zu Tage. Diese Wesensart lässt ihn denn auch um 1849 ein kleines Chalet am Rande des Schönbrunner Parks errichten, das er "Maxing" tauft und wohin er sich fernab vom Hof und in direktem Kontakt zur Natur zurückzieht. Großen Einfluss auf die Entwicklung seiner Persönlichkeit hat eine Reise im Herbst 1850 zusammen mit seinem Bruder Karl Ludwig nach Griechenland, in die Türkei und nach Dalmatien. Begeistert von den vorher nur aus Büchern und Drucken gekannten Landschaften und Orten kehrt er zurück: Diese zum Teil auch kontrastierenden Eindrücke beschreibt er in einem kleinen Band mit dem Titel *Meine erste Reise*, einem Tagebuch mit einer getreuen Beschreibung der von ihm besichtigten Orte. Unter anderen begleitet ihn auf dieser Reise der Maler Johann Nepomuk Geiger, der ihn während der Ausflüge in Smyrna auf einigen, heute im Schloss ausgestellten Bildern, portraitiert hat. Diese Erfahrung sollte von so grosser Bedeutung für ihn sein, weil er damals zum ersten Mal Triest gesehen und das Leben am Meer kennen gelernt hat. Beides begeistert ihn so sehr, dass er am 26. Oktober des selben Jahres zur österreichischen Marine geht und einige Jahre später seinen Wohnsitz nach Triest verlegt. In den Jahren 1851 und 1852 führt ihn eine Kreuzfahrt an die Küsten Italiens, Spaniens und Portugals und auch diesmal hält er seine Eindrücke in einem Reisetagebuch fest. Auf dieser Reise sammelt er auch wichtige Kenntnisse, die beim Bau seiner

späteren Residenzen einfliessen. Am 16. Februar 1852 unterschreibt er einen Mietvertrag mit Nicolò Marco Lazzarovich und bezieht eine Villa auf dem Hügel von San Vito, die er ganz nach seinem Geschmack einrichtet. So nimmt das für sein Leben so bezeichnende Interesse an der Kunst langsam Formen an. Am 10. September 1854 ernennt ihn Franz Joseph zum Konteradmiral der österreichischen Flotte. Von Ende 1855 bis zu den ersten Monaten des Jahres 1856 reift der Gedanke, einen Wohnsitz auf der Spitze des Vorgebirges errichten zu lassen, den er dann später Miramare nennt, und beauftragt den Österreicher Karl Juncker mit dem Entwurf und Bau des Schlosses samt Park. Am 3. November 1856 schreibt er seinen ersten Brief an Charlotte, Tochter von Leopold I., König von Belgien, und Luise d'Orléans. Am 31. Dezember des selben Jahres findet in Brüssel die offizielle Verlobung mit Charlotte statt, die damals als eine der schönsten europäischen Prinzessinnen galt. Das darauf folgende Jahr ist für Maximilian einschneidend: Ende Februar ernennt Franz Joseph ihn zum Vize-Gouverneur mit Verwaltungsbefugnis des Lombardisch-Venetianischen Königreichs und am 27. Juli findet die Hochzeit mit Charlotte statt, die mit ihm in Mailand residiert, denn das Schloss von Miramare befindet sich noch im Bau. Auf Grund von Meinungsverschiedenheiten mit dem Bruder über die politische Lage und die angespannte militärische Situation übergibt Franz Joseph dem Grafen Franz Gyulai das Kommando über das Lombardisch-Venetianische Königreich, zumal dieser auch schon Oberbefehlshaber der österreichischen Truppen war. Im Bewusstsein zum Wohle des Volkes und im Dienste des Staates gehandelt zu haben, ziehen sich Maximilian und Charlotte nach Miramare zurück, wo aber die Bauarbeiten noch im Gang sind. 1859, im Herbst des selben Jahres also, bricht das Paar zu einer Atlantik-Kreuzfahrt auf: Charlotte bleibt auf der Insel Madeira, während Maximilian weiter nach Brasilien reist, wo er bis Anfang 1860 bleibt und einige *Aroideae*-Arten katalogisiert. Weihnachten des selben Jahres betritt das Paar Miramare zum ersten Male, bewohnt aber bis April 1864 nur die Gemächer im Erdgeschoss. Genau ein Jahr später erscheint Gutierrez de Estrada, ein monarchietreuer, nach Europa emigrierter Mexikaner in Miramare. Er stellt dem Erzherzog und seiner Gattin die, wenn auch noch sehr vage, Möglichkeit in Aussicht, Herrscher des mexikanischen Kaiserreichs zu werden. Man gibt ihm zu bedenken, dass er durch die Besteigung dieses Königsthrons die Grossmacht der Habsburger zur Zeit Karls V. neu begründen würde. Mit Zustimmung von Franz Joseph und Leopold I. lässt sich Maximilian – der in diesem Moment keinerlei Zukunftsaussichten hat – von Napoleon III. dazu verleiten, daran zu glauben, die sozial und politisch schwierige Situation des mittelamerikanischen Landes in den Griff bekommen zu können, Die Kirche, der die Republikaner von Juarez alle Besitztümer beschlagnahmt

Eduard Heinrich, Gemälde von Charlotte, Kaiserin von Mexiko (1863)

hatten, die Habsburger Mission gern sehen und unterstützen würde. Der Bischof von Puebla, Monsignore Lavastida und der General Almonte kommen am 19. Januar 1862 nach Miramare um Maximilian zu überzeugen, der nach einigem Zögern die Krone annimmt. Am 3. Oktober 1863 ernennt ihn die mexikanische Delegation unter Leitung von Gutierrez de Estrada zum Kaiser. Das Kaiserpaar bittet den Papst, Frankreich, Belgien und England um ihre offizielle Unterstützung und um militärischen Beistand, doch am 9. April 1864, einige Tage vor der Abreise, erscheint Franz Joseph in Miramare und zwingt Maximilian auf alle Rechte in der Thronfolge der Habsburger zu verzichten. Am 14. April reist das Paar an Bord der "Novara" vom kleinen Hafen in Miramare nach Mexiko ab. Bei der Ankunft in Veracruz empfängt ihn das Volk jedoch weniger warmherzig als erwartet. Die Republikaner unter Benito Juarez haben die Mehrheit und Maximilian findet eine ganz andere Situation vor, als ihm von der Delegation beschrieben worden war. Auch durch die ständigen Angriffe der Republikaner und die wiederholten Verluste auf Seiten des Kaiserreichs und der Franzosen verschlechtert sich die Lage immer mehr, obwohl Charlotte eine Begabung bei der Lösung von sozialen Problemen unter Beweis stellt. Auch die finanzielle und militärische Unterstützung bleibt aus, so dass Charlotte im Juli 1866 beschliesst, nach Europa zu reisen und um Beistand zu bitten. Die Fürbitte am Hofe Napoleons III. und bei Papst Pius IX. bringt nicht die erhofften Resultate, worauf die Kaiserin erste Anzeichen geistiger Umnachtung zeigt, so dass ihre Verwandten sie zunächst im kleinen Parkschlösschen einschliessen und dann nach Belgien bringen, wo sie noch bis 1927 lebt. Maximilian, nun ohne jegliche Unterstützung, ist jedoch entschlossen, den Republikanern die Stirn zu bieten, wird von den Truppen Juarez in Queretaro gefangen genommen und am 19. Juni 1867 zusammen mit seinen Generälen Meya und Miramon erschossen. Seine sterblichen Überreste werden im

Januar 1868 an Bord der "Novara" nach Triest überführt, von hier aus nach Wien weitertransportiert und dort in der Kapuzinergruft beigesetzt.

Eduard Heinrich, Gemälde von Maximilian, Kaiser von Mexiko (1863)

Miramare nach 1867

Nach dem Tode Maximilians und nach Charlottes Abreise nach Belgien benutzen die Habsburger Miramare nur noch zeitweilig als Residenz. Von 1869 bis 1896 war die Kaiserin Elisabeth, Gemahlin Franz Josephs, insgesamt vierzehn Mal hier. Sie hielt sich vor oder nach ihren zahlreichen Reisen in den Mittelmeerraum einige Tage im Schloss auf. Stephanie von Belgien, Nichte von Charlotte und Witwe Rudolfs – dem Sohn und Thronfolger von Franz Joseph und Elisabeth, der 1889 in Mayerling verstorben ist – lässt sich am 22. März 1900 in der Schlosskapelle in zweiter Ehe mit dem ungarischen Adeligen Elemér de Lónyay trauen. Zusammen mit dem später in Sarajewo ermordeten Thronfolger Franz Ferdinand und Zita, der Gemahlin des letzten Kaisers Karl, verbringt das Paar einige Tage hier. Bei Ausbruch des Ersten Weltkriegs im Jahre 1914 wird das gesamte Mobiliar nach Wien gebracht. Als 1918 Triest an Italien geht, wird Miramare Besitz des italienischen Staates, der mit Österreich vereinbart, dass die Möbel zurückgebracht werden und das Schloss der Öffentlichkeit als Museum zugänglich gemacht werden soll. Herzog Amedeo von Aosta, Sohn Emanuele Filibertos und Kommandant der ersten Luftwaffendivision mit Sitz in Görz, macht Miramare 1930 zusammen mit seiner Frau Anna von Frankreich zu seinem Wohnsitz, bis er 1939 Vizekönig von Äthiopien wird, wo er bis zum Jahre 1942 bleibt. Nach Ausbruch des Zweiten Weltkriegs richten die Deutschen im Schloss ihre Offiziersschule ein und von 1945 bis zum Oktober 1954 ist das Anwesen Sitz der Alliierten Militärkräfte, als Triest wieder an Italien geht. Sofort nach dem 2. Juni 1955, beginnt die Oberintendantur mit den Restaurierungsarbeiten und Miramare wird der Öffentlichkeit wieder zugänglich gemacht.

Das Schloss

Die Lage

Im Golf von Triest erstreckt sich gen Norden ein Vorgebirge, das ihn von der Bucht bei Grignano abschliesst. Es heisst, dass Maximilian von Habsburg an einem kühlen Frühlingstag im Jahre 1855 auf einem seiner Ausflüge aufs Meer hier an Land gegangen sei, da er von einem plötzlichen Wetterumschwung mit starken Böen der Bora dazu gezwungen worden war. Beeindruckt von der rauhen und wilden Schönheit dieses Landstrichs mit seinem Felsvorsprung, der damals noch ganz unbewachsen war, soll der Erzherzog beschlossen haben, das ganze Gebiet zu erwerben, denn er sah hierin den geeigneten Ort um einen vielleicht schon lange gehegten Traum zu verwirklichen: Hier sollte ein Park und eine ihm ranggemässe Residenz entstehen, die den spanischen Namen Miramar tragen sollte. Der Auftraggeber selber aber benutzte dann immer häufiger die italienische Version des Namens, die bis heute erhalten geblieben ist.

Die Anlage mit ihrem Schloss auf einer steil abfallenden Felsklippe und dem dahinter liegenden, 22 Hektar grossen Park, wird zu einem der anziehendsten Schauplätze an der Triestiner Riviera. Das sich heute in Staatsbesitz befindliche Schloss samt Park geht auf Entwurfsideen des Auftraggebers selbst zurück, der auch die Planung und den Bau der Anlage verfolgt hat. Was uns erhalten bleibt, ist ein Zeugnis für Maximilians Charakter und für seine Leidenschaften und muss als einziger Beweis seiner grossen Bildung angesehen werden. Fast die ganze ursprüngliche Einrichtung ist im Schloss erhalten und im Park findet man seltene Pflanzenarten, die der Erzherzog persönlich ausgewählt hat. Miramare zu besichtigen heisst auch Maximilian kennen zu lernen und dabei einen Eindruck von den Tendenzen in Architektur und Dekoration gegen Mitte des 19. Jahrhunderts zu gewinnen.

Schon in seiner Jugendzeit interessierte sich Maximilian für die Schönen Künste und die direkte Beobachtung der Natur. Am Rande der Habsburger Sommerresidenz in Schönbrunn darf er sich ein kleines Chalet bauen lassen, das er "Maxing" nennt. Er lässt es in der damals üblichen "Schweizer Manier" errichten, d.h. eine rustikale, kleine Anlage, wohin er sich zurückziehen kann, um sich der Gartenarbeit zu widmen, einer der habsburgischen Leidenschaften.

Bei seiner Ankunft in Triest und nach seinem Offiziersdienst in der Marine von 1852 bis 1854 wird er Konteradmiral der Flotte und verlegt seinen Wohnsitz in die Villa Lazzarovich, einem Haus auf dem Hügel von San Vito: Die Innenräume lässt er nach den damals modernen Stiltendenzen einrichten und dazu gehörte auch ein maurischer Saal –

Atelier Sebastianutti, Photographie des Schlosses und des Parkes (1867)

Ansicht des Schlosses

Atelier Sebastianutti, Photographie mit Ansicht des Schlosses (1867)

ganz nach Art der Räume, die er auf seiner ersten Reise 1850 in der Türkei am Hofe des Pascha Halil gesehen hatte – sowie ein Saal im flämischen Stil mit dunklen Wänden und grossen Medaillons mit Blumen und Frauenfiguren an der Holztäfelung. Ebenfalls in Villa Lazzarovich lässt Maximilian einen kleinen Garten anlegen, den er zweimal in der Woche dem Publikum zugänglich macht. Beflügelt von diesen Erfahrungen geht der Erzherzog begeistert und forsch jenes Vorhaben an, das ihm so sehr am Herzen liegt, wie seine zahlreichen Sendschreiben aus Mexiko bezeugen, in denen er Hinweise und Anordnungen zur Weiterführung der Arbeiten in Miramare gibt, die bei seiner Abreise am 14. April 1864 noch nicht beendet waren. Bei diesem Unternehmen stehen ihm drei Österreicher zur Seite, nämlich der Ingenieur Carl Junker und die Dekorateure Franz und Julius Hofmann, die allen seinen Wünschen nachkommen.

Maximilian konzipiert Miramare als seine Residenz, als sein Wohnhaus und als einen Ort für sich selbst, wo er ganz nach dem romantischen Zeitgeist in direktem Kontakt zur Natur leben kann. Und es ist kein Zufall, dass das Anwesen weit ab von der Stadt liegt, auch wenn es von dort und insbesondere vom Golf aus deutlich sichtbar ist. Wohnsitz und Park sind keine Zurschaustellung von Macht, sondern bewusst einfach gehalten, um den privaten Interessen des Erzherzogs ein Zuhause zu geben. Im 19.

Jahrhundert war es üblich, dass Adelige – ob sie nun regierten oder nicht – sich ihre Schlösser mit Gärten insbesondere an den Ufern von Flüssen oder Seen errichten liessen. Maximilian führt die mitteleuropäischen, für die Alpenlandschaft typischen nordischen Modelle im Mittelmeerraum ein und ihm gelingt eine perfekte Synthese aus mediterranem Hauch und strengen nordeuropäischen Formen.

Die Entwürfe

Nachdem er zwischen 1855 und 1856 einen Teil des Anwesens gekauft hatte, beauftragte Maximilian Carl Junker mit dem Entwurf seiner Residenz. Eine erste Reihe von Aquarellen in einer eleganten Ledermappe zeigt einen villenähnlichen Bau, dessen Erdgeschoss sich durch eine Abfolge von Rundbögen und dessen erster Stock sich durch eine offene Loggia auszeichnet. Man erkennt einen etwas vom Baukern abseits stehenden Turm und ein zinnengekröntes Dach. Der Bau ist eher klein und auf der zum Park hin ausgerichteten Seite zeichnet sich das Profil der Kapelle im Inneren des Gebäudes ab. Weil Maximilian offensichtlich nicht ganz von diesem Vorschlag überzeugt war, ruft er den Triestiner Ingenieur Giovanni Berlam, der ihm am 18. Februar 1856 eine Schwarz-Weiss-Zeichnung vorlegt, die zwar etwas kleiner als Junkers Entwurf ist, diesem jedoch ähnelt. Dabei handelt es sich um ein Gebäude mit direktem Zugang zum Meer über eine Treppe und mit grossen Fenstern. Es gibt keinen ersten Stock, aber einen Turm mit gut ausgeführten kleineren Türmchen. Doch der Raum erscheint Maximilian zu eng und die Zeichnung ist auch nur wenig repräsentativ, so dass er Junker mit einem zweiten Entwurf beauftragt, der seinen Wünschen entgegenkommen sollte. Dementsprechend zeichnet Junker nun ein wahres Schloss, bestehend aus Erdgeschoss, erstem und zweitem Stock samt *Mezzanin* – dem etwas niedrigeren Stockwerk unter dem Dach. Die ursprünglichen Merkmale

Albert Rieger und Carl Junker, Aquarell des zweiten Projektes für das Schloss (1856)

des ersten Entwurfs bleiben aber, nämlich die Fenster mit Rundbogen, das zinnengekrönte Dach, die kleinen Türmchen und der Turm zum Meer hin. Ausserdem richtet Junker den Grundriss nach dem orographischen Verlauf des Vorgebirges aus, so dass alle Gemächer des erzherzöglichen Paares und seiner Gäste aufs Meer gehen und den ganzen Tag über Sonne haben. Besonders gelungen ist Junkers Idee, die beiden Gebäudeteile durch eine Prunktreppe im Inneren miteinander zu verbinden, und diese dann nach Triest und Duino hin auszurichten, so dass man von dieser Art Brücke aus beide Seiten des Golfes gleichzeitig sehen kann. Dieser Entwurf entspricht den Vorstellungen Maximilians: ein einzelstehendes Schloss am Rande eines Parks, wo Natur und Kunst in vollendeter Synthese zusammenkommen.

Am 1. März 1856 beginnen die Arbeiten der ersten Bauphase, nämlich der Aufbau der Grund- und der Umfassungsmauern, die nötig sind, da das Grundstück nur 15 m über dem Meeresspiegel liegt. Die Firma Anton Hauser erhält den Bauauftrag und errichtet 1857 auch einen Teil der Gartengebäude. Ein Jahr später jedoch entscheidet sich Maximilian aus ästhetischen und auch aus finanziellen Gründen, auf das zweite Stockwerk zu verzichten. So erhält das Schloss sein heutiges Aussehen mit einem Erdgeschoss für die Gemächer des erzherzöglichen Paares, dem 1. Stock mit den Gäste- und Repräsentationsräumen, sowie einem *Mezzanin* für das Dienstpersonal.

Das Schloss ist im für die Mitte des 19. Jahrhunderts typischen eklektischen Stil gebaut. Auftraggeber und Ingenieur sind sich darin einig, dass ganz nach Art des Romantischen Historismus Stilelemente aus der Gotik, dem Mittelalter und der Renaissance nebeneinander gesetzt

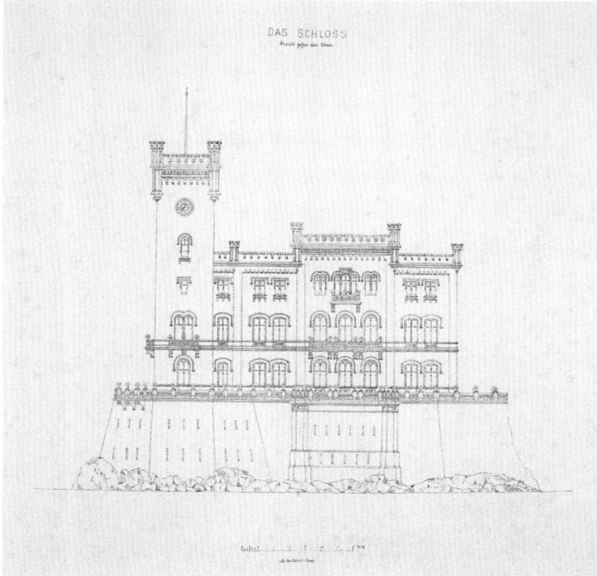

Carl Junker, Stich des endgültigen Projektes des Schlosses (1858)

werden. Es ist anzunehmen, dass Maximilian von der Gestaltung und topographischen Lage ähnlicher Residenzen in verschiedenen Teilen Europas angeregt worden ist, die er selbst besichtigt oder auf Abbildungen in Büchern gesehen hatte. Hier wäre Schloss Babelsberg in Potsdam (1832-1835) anzuführen, ein Werk Karl Friedrich Schinkels, das ganz ähnlich, nämlich am Rande eines Parks dicht am Flussufer, gelegen ist: In der erzherzöglichen Bibliothek befand sich auch eine umfassende Sammlung von Gebäuden und Grundrissen. Ein weiteres Beispiel, ebenfalls von Schinkel, ist Schloss Kurnik in Polen, dessen Fassadenaufbau nach einem Umbau im Jahre 1829 eine dem Schloss Miramare ähnliche Linie aufweist.

Die Mitte des 19. Jahrhunderts könnte man als Blütezeit jener Villen betrachten, die in Form und Ausgestaltung den in verschiedensten Teilen Europas übereinstimmenden Bauschemata folgen. Ein gutes Beispiel hierfür ist das 1851 gebaute Schloss des Barons Oertzen im mecklenburgischen Kittendorf, ein Werk des Berliner Architekten

Friedrich Hitzig. Es steht auf einem Hügel an einem kleinen See und ist von einem Park umgeben. Der Grundriss dieses Gebäudes ist gut durchgliedert, es besitzt einen kleinen Seitenturm, einen Eingang mit Portikus und darüber liegendem Balkon, kleinere Türmchen und ein zinnengekröntes Dach. All diese Elemente weisen eine erstaunliche Ähnlichkeit mit Miramare auf. Und gleichwohl die Fassade des Wohnsitzes des Grafen von Schwerin im norddeutschen Göhren, ebenfalls ein Werk Hitzigs aus dem Jahre 1855, Vorbauten besitzt, ähnelt sie in ihrem Aufbau dem von Miramare, auch wenn die gesamte planimetrische Anlage etwas kompakter ist.
In den bisher zitierten Beispielen ist ein Nach den selben Kriterien, lässt auch Ludwig Joseph II. von Liechtenstein 1845 das Schloss Lednice in Mähren von Georg Wingelmüller errichten, das von Johann Heidrich dann im englisch-gotischen Stil vollendet wurde: Vorherrschend sind hier zwar die Spitzbögen und die zierlichen Fialen, die Eingangsloggia jedoch gleicht der in Miramare.
Auch bei der Arsenalanlage in Wien finden sich Stilgrundsätze, die mit jenen in Miramare eng verwandt sind. Das Arsenal wurde von 1849 bis 1856 von Theophil Hansen erbaut und besitzt das charakteristische zinnengekrönte Dach und Rundbogenfenster. Dem entspricht das Arsenal in Triest, ein Werk von Christian Hansen (1857), der

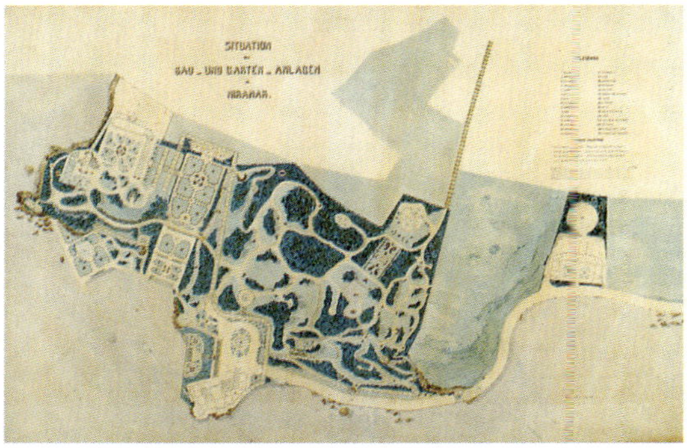

Carl Junker, Aquarelle des zweiten Projektes für das Schloss (1856) und des Projektes für den Park (1858)

Eklektizismus deutscher Machart vorherrschend, doch kannten sowohl der Auftraggeber als auch der Ingenieur andere Gebäude, die nach den gleichen Stilkriterien errichtet, aber verschiedenen Ursprungs sind. Eine dieser Bauten ist Schloss Hluboká in Böhmen. Der Architekt Franz Beer errichtete es von 1840 bis 1855 im Auftrag Johann Adolfs II. und dessen Frau Eleonore von Liechtenstein. Bei der Planung hat man ganz bewusst auf das Vorbild des königlichen Schlosses im Tudorstil zurückgegriffen und es finden sich charakteristische Dekorationselemente, von denen einige auf Miramare verweisen.

wahrscheinlich direkt auf Junker und Maximilian verweisen wollte. Und das gleiche gilt auch für Villa Pereira in Greifenstein an der Donau, nördlich von Wien, die 1849 von Christian Ludwig Förster und Theophil Hansen entworfen wurde, denn sie sieht wie ein verkleinertes Modell des Schlosses aus. Während seines Aufenthaltes in Portugal besichtigt Maximilian auch das Schloss von Pena bei Sintra, und auch hier finden sich Parallelen zur Anlage in Triest. Es wurde von dem Deutschen Ludwig von Eschwege, wahrscheinlich unter Beratung von Karl Alexander Heideloff (1839) auf einem nur wenige Kilometer vom Meer

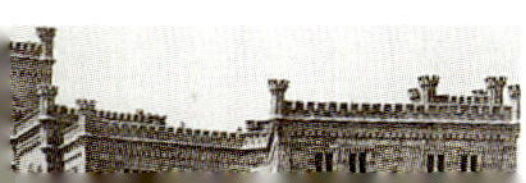

entfernten Hügel gebaut und folgt den eher nordisch-romantischen Modellen. In Miramare trifft man also auf mittelalterliche Bauelemente mit Rundbögen, auf zumeist aus der englischen Gotik stammende Elemente, doch auch auf islamische und byzantinische, romanische und von der Renaissance beeinflusste Bauelemente, alles ist von der Bauanschauung Schinkels durchdrungen, sowie vom gegen Mitte des 19. Jahrhunderts in Europa, sowohl in der Theorie als auch in der Praxis, vorherrschenden Stilpluralismus. Die eklektischen Tendenzen in der Architektur des 19. Jahrhunderts gehören also zum Kulturgut Maximilians.
Auch auf seinen Reisen ab 1850 lernt er Kunstschätze kennen, die ihn später anregen werden und vielleicht war sogar schon seine erste Reise als Achtzehnjähriger nach Athen, in das Königreich Ottos von Bayern und Amalie von Oldenburg, eine Inspirationsquelle für seine spätere Residenz in Triest. Vielleicht war das Schloss von Tour la Reine am Stadtrand von Athen in seiner geschichtsverbundenen Art und mit seinem üppigen Park mit vielen exotischen Pflanzen ein nachahmungswürdiges Beispiel. Auch wenn es sowohl in seiner Aussenverkleidung wie auch in der Innendekoration ganz klar als neugotisch zu bezeichnen ist, so ist Tour la Reine – auch wenn Maximilian es nicht in seinem Tagebuch zur Griechenlandreise erwähnt – doch ein leuchtendes Beispiel für den künstlerischen Zeitgeist.

Die Innenräume

Den Auftrag zur Möblierung und Innenausstattung des Schlosses erhalten die beiden Österreicher Franz und Julius Hofmann, Vater und Sohn, mit ganz genauen schriftlichen Anweisungen. Maximilian hat für jeden einzelnen Saal detailliert beschrieben, wie die Täfelung beschaffen sein sollte und wo Bilder, Ziergeräte und sonstige Gegenstände zu platzieren wären. Insbesondere möchte der Auftraggeber, dass ein Grossteil der Möbel aus Villa Lazzarovich ins Schloss gebracht wird, wo sie hauptsächlich im ersten Stock aufgestellt werden. Für das Erdgeschoss lässt er bei einer lombardischen Manufaktur eine blaue Stofftapete und blaue Gardinen mit ausgewählten Symbolen anfertigen: Die Ananas als Zeichen für Wohlstand und Reichtum, während der Anker über einer Krone seinen Konteradmiralsrang bei der österreichischen Marine anzeigt. Diese

Atelier Sebastianutti, Photographie mit Ansicht des historischen Saales (1867)

Motive tauchen in geradezu besessener Weise überall im ganzen Erdgeschoss auf, sowohl an den Türflügeln als auch auf den Möbeln. Es handelt sich hierbei nur um ein Beispiel, doch es verdeutlicht uns, welches ikonographische Programm Maximilian für Miramare vorschwebte und welche Prägung die ganze Anlage haben sollte. In einigen, Charlotte vorbehaltenen Gemächer lässt er eine Reihe von Wappen anbringen, die an

Atelier Sebastianutti, Photographien mit Ansichten des Novara-Saales, des Herrschersaales, der Bibliothek und des Thronsaales (1867)

den Stammbaum ihrer beiden Familien erinnern, an Habsburg-Lothringen und Sachsen-Coburg und Gotha. Für den ersten Stock hingegen wählt er einen roten Stoff, auf dem ausser der Ananas auch ein Adler zu sehen ist, der eine Schlange im Schnabel trägt, darüber befindet sich eine Krone mit dem Monogramm "MM", also Maximilian-Mexiko, und dazwischen das Zeichen "I." als Angabe der Kaiserchronologie.
Während er in der Beschreibung eines jeden Dekorationsdetails und der Platzierung der einzelnen Einrichtungsgegenstände ganz minuziös, ja geradezu pedantisch ist, lässt er beim Entwurf der Motive für die Vertäfelung freie Hand: Er schreibt lediglich von einem "altenglischen Stil", womit er wahrscheinlich ganz allgemein einen gotischen oder mittelalterlichen Stil meint.
Das Erdgeschoss ist nach genauen Anweisungen Maximilians aufgeteilt: Drei Räume beansprucht er für sich selbst – das Schlafgemach, Kabine genannt, sein Arbeitszimmer und die Bibliothek – während die restlichen vier Räume Charlotte vorbehalten sind – der Speisesaal, das Musikzimmer oder auch Studierzimmer genannt, das Schlafgemach und der Umkleideraum. Die Räume haben eine fast bürgerliche Prägung im Stil des ausklingenden Biedermeier, wo Wert auf Bequemlichkeit und die Intimität der kleinen Dinge gelegt wird. Das den Gästen vorbehaltene obere Geschoss hingegen trägt eher Öffentlichkeitscharakter und zeichnet sich durch Prunk und Zurschaustellung aus.
Vater und Sohn Hofmann fertigen nach Maximilians Anweisungen einige Aquarelltafeln an und nach einigen Abänderungen beginnen die Arbeiten. Im Dezember 1858 beauftragt Maximilian den österreichischen Unternehmer Franz von Gossleth mit der Leitung der Bau- und Ausstattungsarbeiten, sowie mit der Herstellung eines Teiles des Mobiliars. Weihnachten 1860 bezieht das erzherzögliche Paar das Erdgeschoss, während der erste Stock erst nach ihrer Abreise nach Mexiko beendet wird. Maximilian sendet Franz Hofmann – Julius ist dem Kaiser nach Mexiko gefolgt, um dort an einer neuen Residenz zu arbeiten – auch von dort aus mehrere Briefe mit genauen Anweisungen einiger Dekorationen im ersten Stock. In den Jahren 1864 bis 1866 beschliesst Maximilian sein kaiserliches Symbol in den Stoff einzufügen, das Turmzimmer zum chinesischen Salon auszugestalten, die Bilder von Cesare dell'Acqua mit einer Illustrierung der historischen Begebenheiten des Ortes anzubringen und einen Thronsaal einzurichten, als Zeichen der habsburgischen Sakralität und um die Wiedervereinigung der beiden Imperien, in Europa und in Amerika, zu feiern.
Die Ausstattung des ersten Stockwerks wird im Januar 1867 unterbrochen und erst in den Jahren

1869 bis 1871 unter Leitung des Hofdekorateurs und Bildhauers August La Vigne zu Ende geführt. Dieser Meister der "Blondel Manier" hat an der Ausstattung eines Grossteils der kaiserlichen Gemächer in Wien mitgearbeitet: In zwei Phasen, nämlich 1852 und 1858, entwirft er für Franz Joseph Möbel, sowie Wand- und Deckenmotive. La Vigne hält sich bei den Arbeiten in Miramare an Maximilians Anweisungen, auch weil die stilistische Ausprägung der Wände und Decken im ersten Stock mit Vergoldungen und ausgearbeiteten Schnitzereien nach den Gepflogenheiten von Neurenaissance und Neubarock seinen eigenen Vorstellungen entspricht.
Durch die Entscheidung für diesen Dekorationsstil zeigt sich Maximilian als typischer Vertreter der künstlerischen Strömung gegen Mitte des 19. Jahrhunderts, als nach Ausklingen des Biedermeier überladene und ausgefeilte Formen zusammen mit Modellen in den verschiedensten historischen Stilen aufkommen. Als Vorbilder für das Erdgeschoss ist die Innenausstattung vom habsburgischen Schloss Laxenburg zu nennen, doch auch die Residenzen anderer österreichischer Adelsfamilien, wie zum Beispiel die der Graefeneggs. Für den ersten, ganz im Stil des Zweiten Kaiserreichs gearbeiteten Stock hat man sich an den grossen Paläste des Wiener Ring und an den Residenzen der europäischen Fürsten orientiert: Säulen und Wandpfeiler in barocken und renaissancehaften Formen sind ein beliebtes Bauelement, zusammen mit reich, teilweise mit Blattgold verzierten Wänden.
Auffällig ist die klare Unterscheidung zwischen den Privaträumen des erzherzöglichen Paares – die grossen Fenster und die Terrasse schaffen eine Verbindung zu der sie umgebenden Natur – und dem ersten Stock mit seinem eher öffentlichen, von semantischen Anspielungen durchdrungenen Charakter, wo Prunk und Opulenz auf die Darstellung von Macht zielen. Dies wird durch ein durchdachtes, an den höfischen Mustern ausgerichtetes ikonographisches Programm unterstützt. Genauso klar ist in der Tat der Unterschied auch in der Auswahl der Wappen in der Wand- und Deckentäfelung des Erdgeschosses und des ersten Stocks. In den privaten Räumen des Paares herrscht eine heraldische Dekoration vor, welche die eheliche Verbindung von Maximilian und Charlotte unterstreicht und damit auch die der beiden Familien, also der Habsburger und des Hauses Sachsen-Coburg und Gotha. In den Empfangs- und Repräsentationsräumen verweist der grösste Teil der Wappen auf Maximilian und dessen Dynastie. Dieser Unterschied in der Dekoration wurde bewusst vom Auftraggeber hervorgehoben, der auch damit seinem geliebten Wohnsitz eine persönliche Note geben wollte.

Hinweise
Der Rundgang für die Besucher führt vom Vorhof der Prunktreppe über Saal III und endet in Saal XXII. Alle dem Publikum zugänglichen Säle sind in steigender Nummerierung zu besichtigen und folgen einem Weg, der zum Schutz des Parketts über Läufer führt.
Im zweiten, ehemals dem Personal

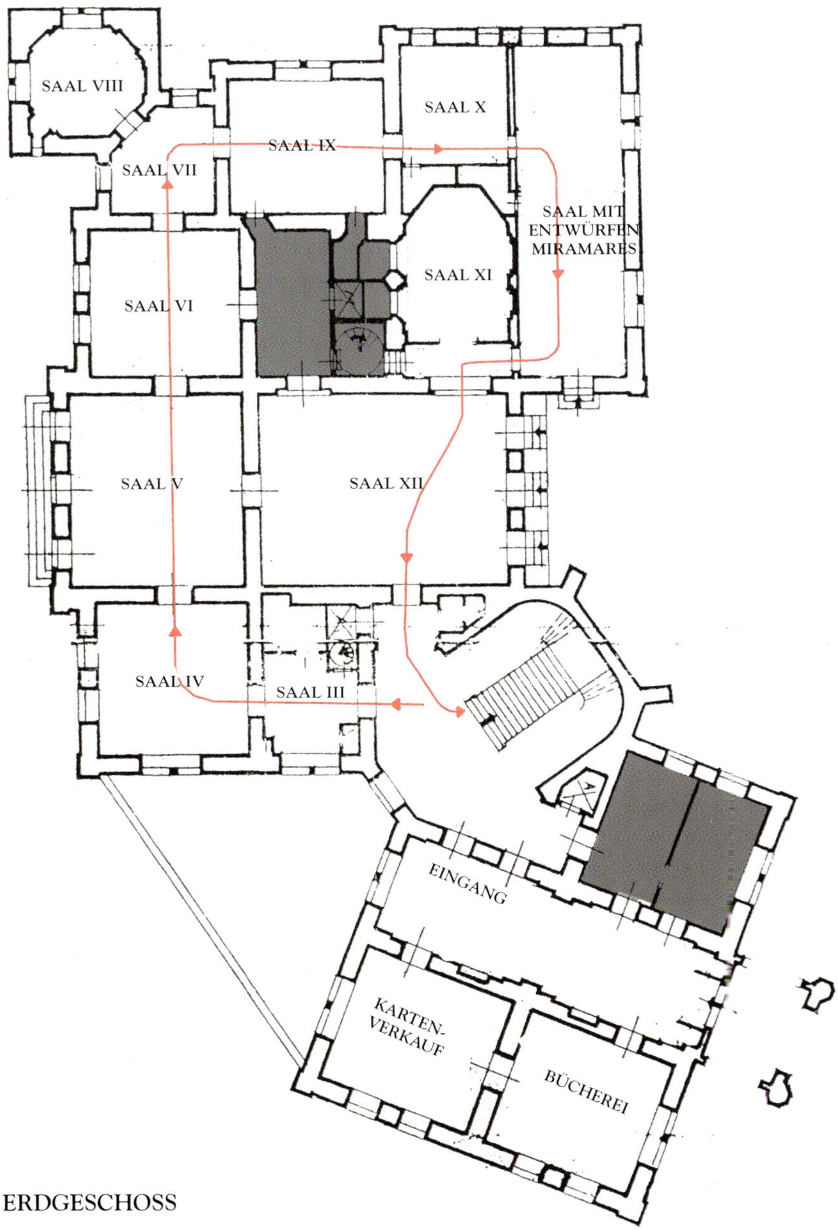

ERDGESCHOSS

zugedachten und daher nicht ausgeschmückten Stockwerk sind heute Büros und Lagerräume untergebracht. Die Gemächer Maximilians erkennt man an den römischen Ziffern mit jeweiliger Bezeichnung. Die Räume ohne Nummerierung wurden erst kürzlich eröffnet.

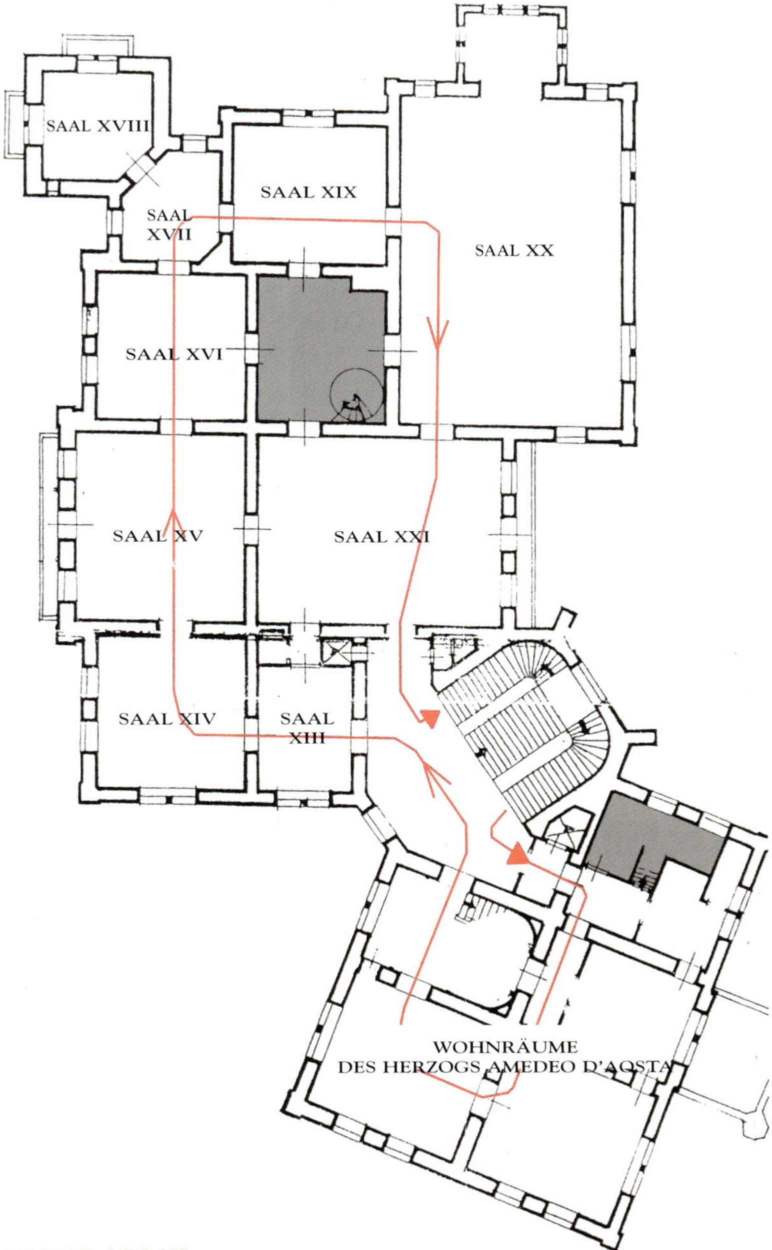

ERSTER STOCK

Die Besichtigung des Museums

Die Eingangshalle

Die Eingangshalle ist in ihrer Dekoration ganz im Stil von Maximilians Zeit gehalten. Zu beiden Seiten stehen Hellebarden neben Lampen auf mit einer Basis in Ananasform. Darüber hängen sechzehn Aquarelle, Werke des

Die Eingangshalle

Kopisten Domenico Acquarolli, mit Portraits von Herrschern verschiedener europäischer Länder in unterschiedlichen Epochen. In Saal I, wo heute die Museumsbücherei untergebracht ist, befinden sich über den Türen die beiden Portraits von Franz von Lothringen und dessen Gemahlin Maria Theresia, Kopien von Andreas Müller. Die grossen Bilder an den Wänden des nächstfolgenden Saals, in dem sich jetzt die Kasse und die Garderobe befinden, zeigen vom Eingang links ausgehend: Franz von Lothringen, eine Kopie nach einem Original von Martin van Meytens, Ludwig XIV., Werk eines Kopisten, und Maria Theresia, eine Kopie nach einem Original von Martin van Meytens. Die ovalen Bilder, Kopien von Bernhard Vogel, zeigen Maria Amalie von Bayern, Tochter von Joseph I. und Gattin von Karl VII., sowie Maria Josephine von Sachsen, Tochter von Joseph I. und Gattin Augusts II..

Die Ehrenhalle

Das großzügige Panoramafenster mit weitem Blick auf Triest und auf den Golf ist ein Werk Carl Junkers. Auf der das Schloss umgebenden Terrasse ist an der Schnittstelle der beiden Gebäudeflügel ein Aussenraum angelegt, in dessen Mitte sich ein Blumenbeet mit einem von einer Marmorgruppe geschmückten Brunnen befindet. Diese Skulptur ist ein Werk von Bartolomeo Cacciatori (um 1860) und stellt eine Mutter mit Kind dar.
An den Innenwänden sieht man oben links eine Vedute des österreichischen Malers Joseph Selleny. Sie zeigt den Ort Pontinha bei Funchal auf der Atlantikinsel Madeira, der für das erzherzögliche Paar von ganz besonderer Bedeutung war, denn hier machte Maximilian auf seiner Reise nach Bahia Halt und hier erwartete Charlotte im Herbst 1859 und Winter 1860 die Rückkehr ihres Gemahls. Rechts neben dem Fenster hängt ein Ölgemälde von Gottardo Valentini (1857) mit der Ansicht eines Brianzer Sees. Links neben der Treppe befindet sich ein Bild von Joseph Brunner (1854) mit einer ungarischen Landschaft und auf der rechten Seite ein Gemälde von Thomas Ender mit einer Ansicht der

Die Prunktreppe

Amalfitanischen Küste, die der Erzherzog 1852 besichtigt hatte. Zu beiden Seiten des Aufgangs stehen Sänften, die der Überlieferung nach aus Schloss Schönbrunn in Wien stammen sollen. Etwas weiter links hängt ein Bild von Anton Hansch (1856) mit einer Ansicht der Berner Alpen über einer Kommode mit schönen Schnitzereien, einem Werk aus der Mitte des 19. Jahrhunderts.

Saal III, Maximilians Schlafgemach, die sogenannte "Kajüte"

Hier beginnt der dem Paar vorbehaltene Wohnbereich, der sich über das ganze Erdgeschoss erstreckt. Dieser Raum geht auf eine das Gebäude umgebende Terrasse, von der aus man einen herrlichen Ausblick auf die Stadt und den Golf hat. Geht der Blick nach draussen, so hat man den Eindruck sich auf offener See zu befinden. Und desgleichen erinnern Maximilians Gemächer an Schiffskabinen, wie er sie auf seinen zahlreichen Mittelmeerreisen an Bord der einzelnen Schiffe belegt hatte. Dieses holzgetäfelte Zimmer mit dem Beinamen "Kajüte" hat eine niedrige Decke und Wandschränke. Rechts vom Eingang befindet sich Maximilians Badezimmer mit einer Marmorwanne. Auf beiden Seiten des

Saal III, das Schlafgemach Maximilians, die sogenannte "Kajüte"

Leopoldo Sanchez, Gemälde von Charlotte (1866)

Bettes aus Metall hängen blaue Vorhänge mit dem Wappen Maximilians als Konteradmiral der Flotte, nämlich einem Anker mit Krone und Ananas, Symbol für Wohlstand und Reichtum. Das Kopfende des Bettes ziert ein Gemälde mit einer Darstellung von Ezechiels Vision, eine Kopie von Ferdinando Rondoni (1857) nach einem Gemälde von Raphael. Seitlich befindet sich ein Ovalbild mit dem Portrait von Charlotte, das Leopoldo Sanchez 1866 in Mexiko angefertigt hat. Vor dem Fenster steht eine Kommode mit Holzintarsien, daneben befinden sich zwei mit einem Muschelmotiv verzierte Stühle. Auf dem Möbelstück steht eine Reitergruppe aus Antimon, die Julius Caesar im Kampf gegen Vercingetorix darstellt. Der Autor ist unbekannt, doch stammt dieses Werk aus der Mitte des 19. Jahrhunderts.

Johann Meixner, Maximilian von Habsburg, Bronzemodell für das Denkmal in Wien (1871)

Saal IV, das Arbeitszimmer Maximilians, der sogenannte Novara-Saal

Saal IV, Maximilians Arbeitszimmer, der sogenannte Novara-Saal

Dieser Raum mit grossen Fenstern auf zwei Seiten erhielt auf Wunsch des Auftraggebers den gleichen Grundriss wie das Carréheck auf dem Admiralsschiff der österreichischen Flotte, der "Novara". Damit sollte an den Sieg der Habsburgischen Truppen im Jahre 1849 über die Savoyer erinnert werden.

Wie aus einer Entwurfskizze Hofmanns hervorgeht, wollte Maximilian ursprünglich hier sein Bett aufstellen, das dann aber im davorliegenden Raum untergebracht wurde. In der 1955 zur Museumsöffnung restaurierten Wandtäfelung wechseln sich der Anker mit Krone und die Ananas ab, also die gleichen Dekorationsmotive wie auf den blauen Vorhängen, die auch hier Fenster und Ausgangstür zieren. In der Deckenmitte befindet sich ein

Oberlicht; offensichtlich liebte Maximilian dieses Bauelement, denn auch in der Villa Lazzarovich hatte er sowohl im maurischen als auch im nordischen Saal Oberlichter anbringen lassen.
Die Vertäfelung ist mit Bildern geschmückt. Rechts vom Eingang hängen zwei Kupferstiche mit den Portraits von Charlottes Eltern, der Königin Luise von Orléans und ihrem Gemahl Leopold I. von Belgien, letzteres mit einer Signatur des Königs höchstpersönlich. Daneben hängen zwei Aquarelle von Franz Xavier Winterhalter (1855) mit den Portraits von Prinz Albert in Militäruniform und der elegant gekleideten Königin von England, Charlottes Tante. Beide Bilder tragen die Unterschrift des jeweiligen Herrschers.
Links vom Eingang kann man in der Ecke das Modell des ersten Denkmals, das Maximilian zu Ehren 1871 in Wien aufgestellt wurde, bewundern. Es handelt sich um ein Werk von Johann Meixner und steht heute auf einem Platz in Hietzing, einem Bezirk in der

Charlotte,
Ölgemälde der Yacht
"Phantasie"

österreichischen Hauptstadt, in der Nähe des Parkes von Schönbrunn. Zwischen den beiden Fenstern befindet sich ein hölzernes Hochrelief mit einer Darstellung Maximilians I. von Habsburg, Kaiser von Österreich in der Mitte des 16. Jahrhunderts. Ferdinand Gatt hat dieses Werk nach dem berühmten Kupferstich von Albrecht Dürer angefertigt. Davor steht ein Mazzarino-Sekretär aus Holz und Nussbaumwurzelholz mit wunderschönen Intarsien. Besondere Beachtung verdient ein Goldrahmen vor dem Ausgang mit sieben von Charlotte selbst gemalten Bildern. In der Mitte befindet sich eine Darstellung der Yacht "Phantasie", auf der das Paar seine Mittelmeerkreuzfahrten gemacht hat. Auf diesem mit Rädern versehenen Dampfschiff, das 1857 bis 1858 im Auftrag Maximilians in London gebaut wurde, hat auch Elisabeth von Österreich zusammen mit ihrem Gemahl Franz Joseph zahlreiche Ausflüge aufs Meer unternommen. Oben in der Mitte sieht man eines der ersten Bilder des damals gerade fertiggestellten Schlosses und im Oval darunter befindet sich eine Ansicht der Insel Lacroma (im heutigen Kroatien), die das Herzogspaar sehr liebte. Einige Möbelstücke in diesem Saal sind ganz in einem seit dem 17. Jahrhundert in den englisch-holländischen und deutschen Werkstätten weit verbreiteten Stil. Erwähnenswert ist ein Möbelstück mit drei Schubladen im gegen Mitte des 17. Jahrhunderts üblichen lombardischen Stil, das eine reiche Elfenbeinintarsie mit Putte in der Mitte besitzt, sowie lineare Seitenteile mit beeren- und blütengeschmückten Voluten. Maximilians Leidenschaft für alles Exotische und für Objekte orientalischer Machart wird auch von einem Schränkchen links neben dem Ausgang bezeugt. Es besitzt mehrere Schubladen und Türchen sowie eine Intarsienarbeit mit linearen, blattförmigen Voluten. Dieses Stück stammt aus der portugiesischen Kolonie Goa in Indien und Maximilian hat es wahrscheinlich in Lissabon gekauft. Auf diesem

Möbelstück steht eine kleine Bronzeplastik, bei der es sich um eine getreue Kopie des Reiterstandbilds von Mark Aurel auf dem Platz des Kapitols in Rom handelt.

Saal V, die Bibliothek

Maximilians Bibliothek umfasst 7000 Bände, von denen hier die Hälfte nach Themengebieten aufgestellt ist, genau wie es der Auftraggeber angeordnet hatte. Hier stehen Bücher in den verschiedenen europäischen Sprachen, italienische und ausländische Literatur, Sachbücher über Kunst, Geschichte, Botanik und Geographie, die ungefähr zwischen 1820 bis 1870 herausgegeben worden sind, einige davon besitzen wertvolle Einbände.

Der von den Hofmanns getreu nach den Anweisungen Maximilians eingerichtete Raum wurde bei den Restaurierungsarbeiten 1955 leicht verändert, und zwar sind vor Allem die Pfeiler der Bücherschränke erneuert worden. Auf Maximilians Wunsch wurde dieser Raum mit den Büsten einiger Dichter ausgestattet. Dabei fiel die Wahl auf Homer, Dante, Shakespeare und Goethe. Damit sollte den Genies der griechischen, lateinischen, englischen und deutschen Dichtkunst gedacht werden, bzw. den berühmten Vertretern der klassischen Antike, des Mittelalters, des Barocks und der Romantik. Alle Büsten sind Werke des Leipziger Bildhauers Hermann Knaurr und zwischen 1858 und 1859 entstanden. Ein Bild aus Maximilians Zeit zeigt den Raum in

Saal V, die Bibliothek und der von Joseph Jüttner angefertigte Globus

Saal VI, der Speisesaal

seiner damaligen Gestaltung, von der die heutige nicht stark abweicht. Man erkennt den Schreibtisch vor dem grossen Fenster und den Globus, ein Werk Joseph Jüttners (1839), der von der "Novara" stammt. Rechts neben dem Eingang hängt über der Tür ein Ovalbild mit einem Kinderportrait von Charlotte, Replik eines Werks von Franz Xavier Winterhalter (1842) und ein schönes Beispiel für die Portraitkunst gegen Mitte des 19. Jahrhunderts. Auf der gleichen Seite steht ein Stuhl mit handgesticktem Polsterbezug, hoher Lehne und Armlehnen, den Maximilian der Überlieferung nach von den Prager Adelsdamen erhalten haben soll.

Saal VI, der Speisesaal

Dieser und die nachfolgenden Räume gehören zu Charlottes Gemächern. Die Decken und der obere Wandabschnitt sind holzgetäfelt, doch beherrscht werden diese Räume von der blauen Stofftapete, die ihnen eine elegante Leichte verleiht. Auch hier finden sich auf Wunsch Maximilians das Ananassymbol und der Anker mit Krone wieder, während die Oberlichte und Decken jeweils von sich gegenüber stehenden Greifen und den Wappen der Lothringer, der Habsburger und des Hauses Sachsen-Coburg und Gotha geschmückt sind. Bei einem Besuch Miramares im Jahre 1892 notierte der Griechischlehrer der Kaiserin Elisabeth von Österreich – die das Schloss mit Begeisterung aufsuchte – dass «die Kaiserin sich in einem Salon mit blassblauer Seidentapete kämmen liess», wobei es sich mit grosser Wahrscheinlichkeit diesen Saal handelte. Die Möblierung verrät, wozu dieser Raum diente. Drei Kredenzen mit Glasvitrine und ein doppelter Schrank stehen links und rechts neben dem Eingang. Sie sind im holländischen Stil gegen Mitte des 18. Jahrhunderts und enthalten Porzellan sowie Tischtücher. In der letzten Kredenz links vor dem Ausgang befindet sich Biskuitporzellan und ein Gipsabdruck, vor Allem aber ein Portrait Maximilians als Kaiser von Mexiko in Galauniform, ein Werk Jean Pierre Dantons aus dem Jahre 1864. Daneben steht eine Büste aus Biskuitporzellan, die Maria Theresia von Österreich darstellt, signiert von Elias Hütter, Künstler und Modellmeister der kaiserlichen Porzellanmanufaktur in Wien. Ein wenig weiter links befinden sich oben die Portraits von Franz I., österreichischer Kaiser von 1804 bis 1835, Josephs II., Maria Theresias Sohn, der von 1780 bis 1790 regierte, während die Büste rechts oben ein Werk von Carlo Marocchetti ist (Mitte des 19. Jahrhunderts) und Charlottes Tante Viktoria von England darstellt, die dem belgischen Königshaus sehr zugetan war. An den Seiten des Raums stehen zwei Konsolen und zwei ovale Möbelstücke mit zierlichen Intarsienarbeiten. Die goldgerahmten Gemälde an den

Wänden zeigen verschiedene Themen: rechts neben dem Eingang befinden sich drei Bilder von Joseph Kropsch (1833), es sind Stillleben mit Tieren und Gemüsesorten. Rechts neben dem Ausgang hängt ein Gemälde von Luigi Steffani mit der Ansicht eines typisch nordeuropäischen Dorfes. Seitlich davon befinden sich zwei kleinere Gemälde auf Porzellan mit Ansichten der beiden Königsresidenzen Sans Souci in Potsdam und des Berliner Schlosses. Auf der linken Wand hängt ein kleines Tafelbild mit einer Ansicht des Innenhofes des Palazzo Salviati in Venedig, möglicherweise ein Werk von Charlotte, und neben dem zweiten Fenster hängt eine Ansicht des Schlosses von Stein von Ferdinand Le Feubure (1854). Zwischen den beiden Fenstern steht eine Standuhr im holländischen Stil mit Anzeige der Mondphasen.

Saal VII, Charlottes Wohnzimmer

Wand- und Deckendekorationen sind 1855 zur Eröffnung des Museums restauriert worden. Hier pflegte Charlotte Hammerklavier zu spielen. Das Instrument steht noch rechts hinter dem Eingang. Es stammt von der Wiener Firma Wopaterni und wurde erst kürzlich restauriert. Den noch erhaltenen Partituren der Schlossbibliothek nach zu urteilen, spielte Charlotte gern Schubert oder Beethoven; heute werden Konzerte nach diesen Partituren veranstaltet. An den mit blauem Stoff verkleideten Wänden befindet sich ein Portrait Maria Theresias. Dieses Werk hat Jean Etienne Liotard 1744 in Wien gemalt und es zeigt die Kaiserin mit den Händen auf den Kronen der Besitztümer des österreichischen Kaiserhauses. Links am Eingang steht eine Kommode, die mit Blumen-,

Saal VII, Charlottes Wohnzimmer

Blätter- und Figurenbeschlägen dekoriert ist. Diese sind aus Bronze, der untere Teil ist vergoldet. Es ist das Werk eines französischen Kunsthandwerkers, der gegen Mitte des 19. Jahrhunderts in seiner Heimat tätig war. Darüber befindet sich eine wahrscheinlich Jean Piere Liotard zuzuschreibende Pastellzeichnung mit dem Portrait eines österreichischen Marschalls (1769). Decke und Oberlichte sind mit dem Wappen des Hauses Sachsen-Coburg und Gotha und dem der Lothringer verziert.

Saal VIII, Charlottes kleiner Salon das sogenannte *Boudoir*

Dieser kleine Raum mit Privatsphäre liegt im Erdgeschoss des Turms und besitzt zwei Fenster mit Blick aufs Meer. In einer Nische in der Mitte thront ein Ganzkörperportrait Charlottes in Brianzer Tracht und mit der charakteristischen Haartracht, zu der auch die silbernen, "Sperada" genannten Haarnadeln gehören. Es ist eine Hommage des belgischen Malers Jean Portaels an die lombardischen Frauen. Dieses Gemälde steht voll und ganz in der Bildtradition gegen Mitte des 19. Jahrhundert und entstand 1857 anlässlich eines Mailänder Aufenthalts von Maximilian und Charlotte in ihrer Funktion als Vize-Königspaar von Lombardei-Venetien. Oben hängen einige Gemälde von Jan Baptiste van Moer, Charlottes erstem Mallehrer, mit den Ansichten, von rechts nach links, vom Dogenpalast, dem Dom von Santa Maria della Salute und der Kirche von San Giorgio (1859). Darunter befindet sich ein Ovalbild des englischen Malers Herbert Smith mit einem Kinderportrait Leopolds, dem späteren König von Belgien, Leopold II., weiter ein kleineres Bild mit einer Ansicht der Porta Pia in Rom und eine Kopie des Bildes darüber, beides Werke von Charlotte. Die Möbel – runde Tischchen, ein Schriftkabinett und Stühle – stehen in Form und Schmuck den englisch-holländischen Vorbildern gegen Ende des 18. Jahrhunderts nah. Bemerkenswert ist das auf der Klappe des Sekretärs abgelegte Reiseschreibtischchen, dessen Deckel mit Ansichten von Wien, im einzelnen von den Schlössern Belvedere und Schönbrunn, verziert ist.

Saal VIII, Charlottes kleiner Salon, das sogenannte Boudoir

Saal IX, das Schlafgemach

Ein Aquarell von Franz und Julius Hofmann zeigt eine ganz ähnliche Raumgestaltung, wie sie dann vom Auftraggeber für diesen Raum bestimmt wurde. Die breiten Holzbänder beleben die Wände und

Saal IX, das Schlafgemach und der Beetstuhl

reichen, wie von Maximilian vorgesehen, vom Boden bis zur Decke. Sie zeigen in Wechselfolge die bereits bekannten Symbole wie Anker und Ananas, wobei letztgenanntes in einem florealen Rankenwerk auch die Tapeten schmückt. Die Hofmanns hatten auch ein Bett mit Baldachin vorgesehen, das aber durch das typisch lombardische Bett ersetzt wurde, das hier zu sehen ist; der Überlieferung nach soll es das Hochzeitsgeschenk der Stadt Mailand für Maximilian und Charlotte gewesen sein. Die übrigen Möbel in diesem Raum sind verschiedenster Machart. Am Eingang steht eine Truhe, geschmückt von einer Intarsienarbeit in Elfenbein mit florealen Motiven und Putten. Sie ist trotz der nachträglichen Veränderungen in den lombardischen Umkreis des ausgehenden 17. Jahrhunderts zu datieren. Weiter links stehen ein blau bezogener kleiner Diwan und zwei Sessel nach einem Entwurf der Hofmanns. In der Ecke rechts steht ein neugotischer Betstuhl, ganz in der österreichischen Machart des 19. Jahrhunderts. An der Wand über dem Bett hängt eine Kopie von Raphaels Sixtinischer Madonna auf Porzellanuntergrund, das Vorbild befindet sich in der Dresdner Pinakothek. An der Decke wechseln sich die Wappen der Elternhäuser von Maximilian und von Charlotte ab: das Wappen der Lothringer, des Hauses Sachsen-Coburg und Gotha, der Habsburger und der Sachsen.
An der Bettseite verbergen sich in der

Vertäfelung zwei Türen, von denen die eine in das Privatbad Charlottes führt und die andere zur Kapelle, die der Besucher später über den Korridor erreicht.

Saal X, der Umkleideraum Charlottes

Die Schränke in diesem Raum gehören zum Teil zu den Möbelstücken, welche die Stadt Mailand dem Paar geschenkt hat (Mitte des 19. Jahrhunderts). Durch eine Glastür konnte Charlotte direkt auf die das Schloss umgebende Terrasse hinaustreten, die an dieser Stelle von einem kleinen Säulengang überdacht war, dessen Kapitelle die Form von Efeublättern nachzeichnen, während es sich bei der Innenseite der Überdachung um eine polychrome, hölzerne Kassettendecke handelt. An den Wänden hängen Ansichten von Orten, die Maximilian bereist hat. Am Eingang links befindet sich ein Bild von Ludwig Gurlitt (1853) mit der Ansicht einer mediterranen Landschaft, bei der es sich vermutlich um die Buchten von Kotor handelt, die der Herzog 1850 besichtigt hat. Ein anderes Bild am Fenster zeigt die von der Kaiserin Elisabeth so geliebte Insel Korfu.

Rechts am Eingang hängen ebenfalls zwei Bilder Gurlitts, von denen das eine Gebirgslandschaft bei Dachstein und das andere eine Meereslandschaft bei Meligne zeigt (1854). In der Mitte sieht man ein Aquarell von Charlotte, das sie laut Angaben auf dem Rahmen nach einem Werk ihres Triestiner Mallehrers Bernard Fiedler kopiert hat. Es zeigt eine Strasse in Jerusalem. Über dem Ausgang hängt ein Bild von Karl von Blaas (1857) mit dem Titel *Femmes des environs de Rome*.

Charlotte, Aquarell einer Strasse in Jerusalem

Saal X, der Umkleideraum

Saal mit den Entwürfen Miramares

Ursprünglich war in diesem grosszügigem Abschnitt ohne besondere Dekoration Charlottes Dienstpersonal untergebracht. Als der Herzog von Aosta 1930 das Schloss zu seiner Residenz machte und ein Teil des Gebäudes umgebaut wurde, zog man in diesem Flügel eine Zwischendecke ein, um im unteren Teil einige Zimmer einzurichten.

Jüngst wurde dann ein Ausstellungssaal zur Darstellung der Entwurfsgeschichte der gesamten Anlage von Miramare hier untergebracht.

Hier sind Kopien (im Massstab von 1:1) der im Museumsarchiv aufbewahrten Zeichnungen ausgestellt, die von Carl Junker und Giovanni Berlam zum Bau des Schlosses und von Franz und Julius Hofmann zur Innenausstattung angefertigt worden waren.

Links vom Eingang sind Junkers

Aufrisszeichnungen und Ansichtspläne zu sehen. In der Mitte des Saals befinden sich auf einem Ausstellungstisch die Zeichnungen aus dem Album, das Junker auf Wunsch Maximilians angelegt hat. Hier sind alle Detailentwürfe zu sehen und zwar im Wiener Klafter, einer 1,896 m entsprechenden Masseinheit. In den Vitrinen an der linken Wand sieht man auf dem ersten Aquarell den Entwurf zur Parkgestaltung aus dem Jahre 1859, dem das heutige Aussehen und ohne jede Ordnung belassene Rasenflächen. Auf einer Tafel in der Mitte zeigen zwei Aquarelle von Carl Junker das Vorgebirge mit dem Schloss in einer Gesamtansicht. Daneben befindet sich ein Bild von Albert Rieger mit einer Ansicht des Schlosses im Bau. Das Gemälde in der Mitte trägt die Aufschrift "November 1857" und wahrscheinlich handelt es sich hier um die Nachzeichnung einer Photographie, die während der Bauarbeiten gemacht worden war.

Saal mit den Entwürfen für Miramare

sehr nahe ist, auch wenn die endgültige Grösse von 22 Hektar nicht berücksichtigt wurde. Das Vorgebirge von Miramare wird zu einem Landschaftsgarten umgestaltet, aus dem die gerade Linie verbannt ist. Nur im Bereich der Gartenbeete im italienischen Stil und in unmittelbarer Nähe um das Schlösschen herum erkennt man eine formale Anordnung. In diesem Park gibt es Wasserläufe, kleine Seen, gewundene Wege, je nach Art des erwünschten Naturbildes überlegt angepflanzte Bäume, aber auch nur scheinbar wild

Ganz besonders wichtig ist die Tafel rechts aussen, die Maximilian am 30. Dezember 1866 aus Puebla nach Triest sendet (sie ist von Wilhelm Knecht unterschrieben) und die einige Abänderungen im Nordteil des Parks vorschreibt. Hier wird noch einmal ausdrücklich darauf hingewiesen, dass der Park mit seinen kleinen Wäldchen einen Landschaftscharakter haben soll und auch zur Gestaltung des Vorgebirges werden zahlreiche Abänderungen vorgelegt, unter anderem soll nördlich des Bereichs um den italienischen Garten ein

grosses Museumsgebäude errichtet werden, in dem Maximilian seine Sammlung ägyptischer Kunstschätze und Fundstücke ethnographischer Art unterbringen möchte. An der Stirnseite des Saals sind die Aquarelle ausgestellt, die Franz und Julius Hofmann angefertigt haben, nachdem sie die von Maximilian schriftlich genau beschriebenen Änderungen vorgenommen hatten. Zur endgültigen Fertigstellung werden dann aber noch weitere Modifizierungen vorgenommen, wie man auf den Photos in den Vitrinen am Ausgang sehen kann. Hier sieht man den Novara-Saal, die Bibliothek, die Prunktreppe im ersten Stock von der Seite, den Audienzsaal, den Saal von Cesare dell'Acqua und den Thronsaal von oben. Die Photos gehören zu einem Album, das Maximilian dem Atelier von Sebastianutti in Auftrag gegeben hatte und zwischen 1867 bis 1873 fertiggestellt wurde. Diese Bilder beweisen, dass Einrichtung und Dekoration des Schlosses bis heute unverändert geblieben sind.

Saal XI, die Schlosskapelle

Saal XI, die Schlosskapelle

Der Überlieferung nach folgt die Schlosskapelle in ihrem Aufbau dem Vorbild der griechischen Kapelle des Heiligen Grabes in Jerusalem. Der Entwurf zu ihrer Ausstattung ist ein Werk des akademischen Künstlers ungarischen Ursprungs Eduard Heinrich. An der Rückwand befindet sich eine reich verzierte Vertäfelung mit Motiven im Stil der Spätrenaissance, darauf angebracht sind Gemälde mit den Darstellungen der zwölf Apostel im Ganzkörperformat und auf Höhe der Altarmitte in der Lünette über der Ädikula befindet sich ein Bild Gottes. Darunter steht eine kleine Holzskulptur mit einer Darstellung der Gottesmutter mit Kind. Auf die Altarbasis hat der Künstler eine Darstellung des letzten Abendmahles gemalt und im Bild auf der Tischdecke signiert. Darunter bezeugt eine Inschrift in Bronzelettern, dass es sich bei der Wandtäfelung um Zedernholz aus dem Libanon handelt. Vor dem Altar liegen drei Kissen, die Charlotte höchstpersönlich bestickt haben soll.
Die Decke schmücken zwei Bildfelder mit einer Darstellung der Gottesmutter mit Kind, umgeben von Engeln und fünf Heiligen, den Schutzherren der Habsburger, wie zum Beispiel der heilige Franziskus, der heilige Karl Borromäus und der heilige Joseph. Die Vorhänge aus rotem Damast an den vier Ausgängen tragen wieder das Ananassymbol sowie das Wappen Maximilians als Kaiser von Mexiko, also eine Kaiserkrone und einen Adler, der eine Schlange im Schnabel trägt. Dieser Stoff wurde in Auftrag gegeben, als der mexikanische Erzbischof Pelagio Lavastiba Triest besucht hat und zu Ehren von Maximilians Geburtstag am 6. Juli 1863 hier eine Messe gelesen hat. An dieses Ereignis erinnert eine schwarze Marmortafel an der Wand rechts vom Eingang. Die Wappen sind auf kleinen, von Engeln getragenen Schildern aufgemalt und mit Abstand zur Wand an der Dachwerkbasis angebracht. Man sieht die Wappen der verschiedenen Regionen des Kaiserreichs, wie zum Beispiel das von Lombardei-Venetien, von Böhmen, von Ungarn, von Illyrien und von Galizien Bukowina.

Saal XII, der Windrosensaal

Von der Deckenmitte dieses Saals hebt sich eine Kompassrose mit einem Zeiger zur Angabe der Windrichtung

Saal XII, der Windrosensaal

Ippolito Caffi, Gemälde mit einer Ansicht von Venedig

ab. Dieser ist nämlich mit der Fahne auf dem Dach des Schlosses verbunden. Seitlich sieht man die Wappen von Habsburg-Lothringen, des belgischen Königshauses und das Wappen Maximilians. Im Sommer diente dieser grosse Raum als Speisesaal. Ausserdem war er von dem kleinen Hafen aus der direkte Zugang zum Schloss, wenn man Miramare auf dem Meeresweg erreichte und im kleinen Hafen anlegte. Damit erklärt sich auch, warum sich hier statt des üblichen Parketts der noch originale Marmorfussboden befindet. Manchmal wurde hier aber auch gespielt, wie der Billardtisch und die grünbezogenen Tische verraten. Die grossen Schränke stammen aus dem 19. Jahrhundert und nehmen Motive aus Renaissance und Barock wieder auf. An der Wand rechts vom Eingang hängt ein grosses Bild von Ippolito Caffi mit einer Darstellung der Abendgala, welche die Stadt Venedig anlässlich des offiziellen Besuchs von Maximilian und Charlotte am 2. August 1857 veranstaltet hat. Weiter rechts sieht man einige Landschaftsbilder. Im Einzelnen: eine Alpenlandschaft von Leopold Voscher (1855), ein Panorama der Meeresbuchten von Kotor von Ludwig Gurlitt (1850), eine Gebirgslandschaft von Hermann Pohle (1855) und ein Landschaftsbild von Ludwig Kuhnen (um 1850).
Mit diesen Sälen schliesst der Rundgang durch das Erdgeschoss ab, wo das erzherzögliche Paar vom 24. Dezember 1860 bis zum Tag ihrer Abreise nach Mexiko am 14. April 1864 gewohnt hat.

Die Prunktreppe

Die Prunktreppe ist getreu den Anordnungen Maximilians "aus Eichenholz", mit sechs Lampenhalterungen in Form von Pagenfiguren errichtet worden. Diese sind nach der Mode zur Zeit Maximilians I., dem Kaiser der Habsburger in der ersten Hälfte des 16. Jahrhunderts, ausgestattet, dessen Wappen man in den Schnitzereien erkennt. Die Treppe stellt eine Art ideelle Verbindungsbrücke zur Spitze des Vorgebirges dar, denn von hier aus kann man den ganzen Golf von Triest bis hin nach Duino überblicken. Ausserdem trennt sie den vom Adelspaar bewohnten Abschnitt im heiteren und sonnigen Südwesten vom Wohnbereich des Dienstpersonals im Nordosten ohne Blick aufs Meer. An den Treppenaufgängen befindet sich ein mit Schnitzereien geschmückter Durchgang, dessen Innenseite die Darstellungen sich gegenüberstehender, ein Schild

Das Vestibül
im 1. Stock

haltender Greifen ausschmücken, abwechselnd mit hölzernen Reproduktionen des Ananassymbols, während die Aussenseite von Wappen verziert ist: am linken Aufgang mit den Wappen Charlottes, am rechten Aufgang mit denen Maximilians. Am Ende des Aufgangs thront in der Mitte über den beiden Fenstern das Kaiserwappen Maximilians. Entlang der hohen Wände sind die von Wissenschaftlern einer Expedition mit der "Novara" gesammelten Fundstücke ausgestellt. Diese Weltumseglung von 1857 bis 1859 hat Maximilian finanziert. Besonders erwähnenswert ist die Trophäe aus prähistorischer Zeit ganz oben. Ursprünglich zierte ein Teppich mit den Symbolen des Schlosses die Treppen.

Die Wohnräume des Herzogs von Aosta

Bevor man den Rundgang durch den habsburgischen Wohnsitz weiterführt, sollte man den 1996 wiedereröffneten Schlossflügel besichtigen. Ursprünglich waren in diesem Abschnitt die Arbeitsräume von Maximilians Beratern untergebracht. Die drei Räume wiesen eine Vertäfelung auf, die nach dem Beispiel

Arbeitszimmer des Herzogs von Aosta und Ziergerät aus Glas von Napoleone Martinuzzi

der im Erdgeschoss befindlichen angefertigt wurde. Die Möbel und Bilder sind später in anderen Räumen untergebracht worden. Als Amadeo d'Aosta Miramare zu seiner Residenz machte, beschloss er, in diesen Räumen des Schlosses die Privatwohnung für seine Familie einzurichten. Er wohnte von 1930 bis 1937 hier. Alberto Riccoboni, Architekt der damaligen königlichen Oberintendanz, leitete die Umbauarbeiten. Die Räume wurden nach dem damaligen Zeitgeschmack im rein rationalistischen Stil eingerichtet. Die erst kürzlich vollendete Restaurierung zeigt genau, wie die Eingriffe in den Wohnsitz aus dem 19. Jahrhundert ausgesehen haben: Die Lobeshymne der Zeitschrift "Domus" (1931) auf die Innendekoration und Raumgestaltung bestätigt, wie aufmerksam und sorgfältig die Umgestaltung vor sich ging.
Die Besichtigung beginnt beim Badezimmer mit den noch erhaltenen Einrichtungsgegenständen. Es folgt das Empfangszimmer der Herzogin Anna von Aosta mit der originalen Anordnung der Möbel. An den Wänden hängen zwei grosse Gemälde von Umberto Noni (1931) mit exotischen Themen, seitlich des Eingangs sind ausgestellt: an der Tür links Stücke von dem eigens für das Schloss in Auftrag gegebenen Tischgeschirr des Herzogs; auf der rechten Seite befindet sich Ziergerät aus dem Besitz Amedeos, Werke von Napoleone Martinuzzi, ausgeführt in Pulegoso-Glas, einer für die Firma

Venini in Venedig erfundenen Arbeitstechnik. In der Mitte des Schlafgemachs der Herzogin stehen heute einige Vitrinen mit Photographien aus der damaligen Zeit, an denen sich ablesen lässt, welche Veränderungen die Räume aus Maximilians Epoche beim Umbau durch den Herzog von Aosta erfahren haben. An den Wänden hängen Ovalbilder des Triestiner Malers Gino Parin (1930) mit den Portraits des italienischen Königs Vittorio Emanuele III. und der Königin Elena. In den beiden Bilderrahmen befanden sich ursprünglich die Portraits von Franz Joseph und von Elisabeth von Österreich, die heute im Saal XV zu sehen sind.

Am Eingang links hängt eine Kopie von Van Dycks Gemälde der Heiligen Rosalie. Dieses Bild am Kopfende des Bettes stammt aus der Sammlung Maximilians. Im darauffolgenden Raum sind die Möbel aus dem Studierzimmer des Herzogs von Aosta aufgestellt. Umberto Piazzo hat sie entworfen und die Triestiner Firma Zanetti hat sie dann in verschiedenen Holzarten hergestellt, unter anderem aus Oliven- und Nussbaumwurzelholz, in Kirschholz und Rosenholz, in Kaukasus-Nussbaum und Ebenholz aus Makassar. Auf der rechten Seite hängen zwei grosse Bilder von Carlo Siviero (1933) mit den Portraits von Amedeos Eltern, Emanuele Filiberto und Helene d'Orléans. Über den Türen und seitlich des Eingangs befinden sich drei Bilder von Umberto Noni mit Ansichten der italienischen Besitzungen in Afrika sowie einer Landkarte, auf der die Namen der berühmtesten Seefahrer eingezeichnet sind. Hinten rechts steht eine bronzene Gedenkbüste Amedeo d'Aostas, die seine Gemahlin, die Herzogin Anna, dem Museum 1959 gestiftet hat. Es ist ein Werk des Bildhauers Romano Romanelli.

Wenn man weitergeht, kommt man in einen Raum, von dem aus man zu Maximilians Zeiten in den zweiten Stock, den der Dienerschaft vorbehaltenen *Mezzanin* gelangte. Er wurde später zum Eingang in den

Gino Parin, Gemälde von Vittorio Emanuele III., König von Italien (1930) und Elena, Königin von Italien(1930)

Romano Romanelli, Bronzebüste des Herzogs von Aosta

Marmorbüste der Luise von Orleans

Wohnbereich des Herzogs umgestaltet. Wie bereits im 19. Jahrhundert hängt hier ein Teil der Sammlung von Aquarellen und Temperabildern mit den Ansichten verschiedener Mittelmeerhäfen, insbesondere Ansichten von Livorno. Es sind Werke der venetianischen Künstler Giacomo und Antonio Baseggio und des Wieners Antonio Piemontesi, auch Baseggio genannt. Diese Vedutenmaler waren gegen Ende des 18. Jahrhunderts in Livorno tätig. Damit nehmen wir die Besichtigung von Maximilians Gemächern wieder auf. Im Gegensatz zum Erdgeschoss finden sich mit Ausnahme von Saal XVI in allen Sälen die Wappen von Maximilian und seiner Familie.

Das Vestibül im 1. Stock

In diesem Abschnitt mit den noch erhaltenen Marmorfussböden steht in der Mitte ein runder Brunnen mit vier Greifen aus Metall und einem transparenten Boden, durch den man das Atrium im Erdgeschoss sieht. Schon in seinem ersten Triestiner Wohnsitz Villa Lazzarovich hatte Maximilian Wasserspiele – ein in den Villen des 19. Jahrhunderts sehr beliebtes Dekorationselement – anlegen lassen, und im Schlösschen stand ein ganz ähnlicher Brunnen. Seitlich der grossen Fenster mit Blick auf Triest stehen zwei Holzschränkchen aus Tannenholz, das zur Imitation von Ebenholz eingefärbt ist, und die Elfenbeinintarsien aufweisen, ausgeführt in der ersten Hälfte des 19. Jahrhunderts von einer lombardischen Manufaktur. An den Wänden sieht man vier Portraits: von links nach rechts: Catherina dei Medici, ein Werk von Antal Haan, Friedrich II. König von Preussen, signiert von Francesco Guerini, nach einem Gemälde von J.H. Francke, das sich in Schloss Charlottenburg in Berlin befindet, Cesare Borgia von August Worndle (1856), Katherina II. von Russland, ebenfalls von Francesco Guerini. Die Oberlichte zeigen das für Miramare entworfene Wappen Maximilians mit einem Kreuz in der Mitte, sowie zwei Ananas und zwei Anker mit jeweils einer Krone. Seitlich der Türen befinden sich im oberen Bereich Wandpfeiler mit ionischem

Kapitell und im unteren Bereich sechs Maskarons im Flachrelief nach ganz eindeutig österreichischer Machart.

Saal XIII, der Fürstensalon

Bei Maximilians Abreise nach Mexiko am 14. April 1864 war dieser Teil seines Wohnsitzes noch nicht fertig eingerichtet. Einige Möbel wurden auf seine Anordnung aus der Villa Lazzarovich hergebracht. Ein Teil der Bilder wurde einem ganz bestimmten ikonographischen Programm folgend in Auftrag gegeben. Die Wanddekorationen sind ganz im Stil der Zeit reich an blattvergoldverzierten Schnitzereien abwechselnd mit Flächen aus Nussbaumwurzelholz, was ganz mit der für das Zweite Kaiserreich so charakteristischen Tendenz einhergeht, Modelle der Renaissance und des Barocks neu aufzuarbeiten, betont durch die rote Stofftapete und die roten Fensterschals.
Hinter dem Eingang links steht ein Schränkchen mit geometrischer Intarsienarbeit und einem Schildkrötenbild, das sich ganz eindeutig an Vorbildern der Renaissance inspiriert und aus einer lombardischen Handwerkstätte aus der Mitte des 19. Jahrhunderts stammt. Darüber befindet sich ein Portrait von Ludwig Viktor (1853) und direkt gegenüber ein Bildnis von Maximilians anderem, jüngeren Bruder Karl Ludwig,

Saal XIII, der Fürstensalon

Anton Einsle, Gemälde von Karl Ludwig

Tito Aguyari, Gemälde von Pedro II. von Brasilien

beides Werke des Malers Anton Eisle. Darunter stellt eine Büste aus weissem Marmor Luise von Orléans dar, die Mutter Charlottes. Die Oberlichte der Eingangstür zeigt das grosse Waffenwappen der Sachsen, über dem Ausgang befindet sich das grosse Waffenwappen Österreichs.
Rechts am Eingang steht ein Schränkchen aus Kirsch- und Ebenholz mit einer reichen Intarsienarbeit aus Edelstein und Marmor, Blüten und Früchte darstellend. Etwas weiter davon fällt das Portal aus einem Tiroler Schloss ins Auge, das auf Maximilians Wunsch in die Wandtäfelung dieses Raums eingefügt wurde. Seine Säulen, Türsturz und -flügel sind sehr schön verziert. Darüber sieht man Maximilians Wappen als Kaiser von Mexiko und noch weiter oben das der Savoyer, später vom Herzog von Aosta hinzugefügt. An den Wänden hängen die Bildnisse einiger Ahnen Maximilians, darunter, von rechts beginnend, das Portrait von Kaiser Joseph II., dem Sohn Maria Theresias in einer Kopie von Tito Aguyari nach dem Original von Martin van Meytens, weiterhin das Portrait der Kaiserin Elisabeth Christina von Braunschweig, Gemahlin Karls VI. und Mutter Maria Theresias, das Bildnis von Eleonore von Pfalz-Neuburg, Gemahlin von Leopold I., und schliesslich Karls V. in einer Kopie von Tito Aguyari nach dem Original von Martin van Meytens. Eingerahmt von zwei Stühlen sieht man einen Tisch, dessen Platte eine aufs genauste ausgeführte Mosaikarbeit mit Stillleben aufweist.
Die Stofftapete ist jüngeren Datums und im Motiv eine Nacharbeitung der Tapete, die der Herzog von Aosta 1930 hier anbringen liess.

Saal XIV, der Herrschersaal

Mit ihren verschwenderischen, mitunter blattgoldverzierten Schnitzereien dominiert in diesem, wie auch in den nachfolgenden Räumen,

die prunkhafte Vertäfelung an Wänden und Decke, ergänzt von dem roten Stoff, den man auch auf dem von Maximilian in Auftrag gegebenen Photo sieht. Der Raum hat sich im Vergleich zu früher nur wenig

Saal XIV, der Herrschersaal

Cesare dell'Acqua, Gemälde der Ernennung Maximilians zum Kaiser von Mexiko, Detail mit dem minutiös gearbeiteten Mosaik-Tischchen

verändert. Die Gestaltung der Decke ist relativ gleichmässig. An den Seiten sieht man vier Ovale und viele Paneele tragen Maximilians Monogramm mit dem doppelten "M" (Maximilian-Mexiko), dazwischen die Ziffer "I." zur Angabe der kaiserlichen Chronologie. Darüber befinden sich die Krone und die verschlungenen Initialen "M" und "C", also Maximillian und Charlotte. Paneelstreifen mit Darstellung geflügelter Wesen wechseln sich mit reich verzierten Lisenen ab.
Die linke Raumseite wird von dem Bett aus vergoldetem Holz beherrscht, dessen Kopfende in der Mitte mit dem Bild einer schlafenden Putte ausgeschmückt ist. Der Baldachin ist aus dem selben roten Damast wie der an den Wänden. Auch er trägt das oben beschriebene Monogramm. Vier hohe Säulen tragen ebenso viele Vollplastiken mit Darstellungen von Frauenfiguren. Das

Saal XIV, Detail der Decke

Bett stammt aus einer französischen Manufaktur und der Überlieferung nach ist es das Hochzeitsgeschenk Napoleons III. an Maximilian und stand ursprünglich im Palazzo Vendramin der Herzogin du Barry in Venedig. Auf der linken Seite steht ein Tischchen mit runder Platte aus schwarzem Alabasterglas und sieben mosaikgeschmückten Ovalen mit detailliert ausgeführten Ansichten der wichtigsten Bauwerke Roms, wie des Kolosseums, des Triumphbogens von Septimius Severus mit den Ruinen des Forums, des Grabes von Cecilia Metella, des Pantheons, des Vestatempels, des Titusbogens und in der Mitte des Petersplatzes mit Basilika. An diesem Tischchen, einem Hochzeitsgeschenk von Pius IX., hat Maximilian vor der mexikanischen Besucherdelegation die Urkunde zur Annahme der mexikanischen Krone unterschrieben. Diese Episode ist auf einem Bild in Saal XIX dargestellt, wo auch das Tischchen zu sehen ist. Gegenüber steht ein zweites Tischchen aus der selben vatikanischen Manufaktur, ebenfalls mit runder Platte und minutiös ausgeführten Mosaiken. Es hat einen Aussenstreifen mit rechteckigen Intarsien aus vielfarbigem Marmor und zeigt Veduten von Rom, wie dem Petersplatz, dem Pantheon, dem Grab von Cecilia Metella, dem Vestatempel, dem Kapitol, dem Kolosseum, dem Brunnen mit der Acqua Paola und dem Septimius Severus-Bogen. In diesem Saal hängen die Portraits von fünfzehn Herrschern aus der Zeit Maximilians. Auf den Rahmen ist der Name der hier Dargestellten mit dem Wappen des jeweiligen Hauses zu sehen. Nach dem ikonographischen Programm des Auftraggebers sollten diese Herrscherbilder implizit seine Zugehörigkeit in die Welt der Mächtigen symbolisieren. Es handelt sich um Werke von Kopisten nach offiziellen Vorbildern. Einige Bilder stammen aus dem Jahre 1866. Von rechts beginnend sieht man Wilhelm I. von Preussen (Carl Haase), Pedro II. von Brasilien, Ludwig von Bayern, Napoleon III. von Frankreich, sowie Vittorio Emanuele II. König vom Italien; von links beginnend Karl I. König von Württemberg, Georg V. von Hannover, Johannes IV. von Sachsen (Carl Haase), Karl XV. von Schweden und Norwegen, Christian X. von Dänemark und Wilhelm III. von Holland. An der Rückwand sieht man von links beginnend Maria Isabella II. von Spanien, Alexander II. vom Russland, Georg I. von Griechenland und Papst Pius IX..
Diese Werke von Carl Haase sind keine einfachen Kopien, sondern beschreiben die Physiognomie der einzelnen Herrscher aufmerksam und

besitzen eine beträchtliche Ausdruckskraft. An der Decke sind Wappen zu sehen, in dem Oval links in der Nähe des Fensters, das von Galizien und das des Lombardisch-Venetianischen Königreiches, in Richtung Eingangstür die Wappen Ungarns und das Wappen der Steiermark und Kärntens; rechts in der Nähe des Fensters, das Wappen Böhmens und das Tirols; hin zur Eingangstür das Wappen Österreichs und das Illyriens. In der Mitte prangt Maximilians Wappen als Konteradmiral der Flotte und daneben das Wappen der Habsburger und das der Lothringer.

Saal XV, der Audienzsaal

Mit seiner privilegierten Lage innerhalb des Schlosses, nämlich in der Mitte der Fassade, ist dieser Saal einer der repräsentativsten Räume. Er besitzt grosse Fenster mit Blick auf das Meer, von denen drei auf einen Balkon gehen, über den man ins Möwenzimmer und damit auf die Parkseite gelangt. Dieser für offizielle Anlässe vorgesehene Raum zeigt Gemälde mit den Portraits der Menschen, die in Maximilians Leben eine wichtige Rolle gespielt haben. Von rechts beginnend sieht man Charlottes Vater Leopold I., König von

Saal XV, der Audienzsaal

Saal XV, Detail der Decke

Belgien (1865), Eugenie, die Frau Napoleons III., Napoleon III. und Luise von Orléans (1850), die Frau Leopolds I. und Mutter Charlottes. Alle Bilder sind Kopien von Giovanni Guillemet nach den Originalen von Franz Xavier Winterhalter. Auf der linken Seite sieht man Franz Joseph direkt nach seiner Ernennung zum Kaiser in einem Portrait von Anton Eisle (1849), und gegenüber ein Ganzkörperportrait seiner Gemahlin Elisabeth, das Elisa Türck (1854) kurz nach der Hochzeit gemalt hat. Einige dieser Bilder hingen bereits in der Villa Lazzarovich und sind zusammen mit dem Mobiliar hierher gebracht worden, zu denen auch die mit rotem Stoff bezogenen Sofas, Stühle und Sessel mit goldenen Lehnen und Füssen gehören. Auch die kleinen Tische in diesem Saal mit den detaillierten Mosaiken aus einer vatikanischen Manufaktur verdienen Beachtung. Sie stehen alle auf Dreifüssen aus vergoldetem Holz und schwarzem Alabasterglas: Der Tisch am Fenster in der Nähe des Eingangs zeigt eine sehr elegante Darstellung mit Blumen und Tauben in einem Rankenwerk aus Blättern, während der Tisch auf der linken Seite in Richtung Ausgang eine Ansicht des Kolosseums

Carl Haase, Gemälde der Burg der Habsburger

trägt, eingefasst in einer Krone aus verschiedenfarbigen Marmorintarsien. Auf der linken Seite steht ein Tischchen, das Werk eines Kunsthandwerkers aus der Mitte des 19. Jahrhunderts, dessen Untergestell mit geflügelten Tieren verziert ist, während die kreisrunde Platte sich durch das Farbspiel verschiedener Marmorsorten auszeichnet. In der Mitte vor dem grossen Fenster steht ein Tisch, ein Geschenk von Sophie, der Mutter Maximilians. Die Wandverkleidung dieses Saals ist mit den von Karyatiden getragenen Wandpfeilern und den blattgoldverzierten Schnitzereien besonders üppig. Die Türrahmen und –flügel aus Wurzelholz weisen ein komplexes Blattwerk mit Vergoldungen auf. Der rote Stoff rundet den Prunkcharakter dieses Saals ab. Auch er zeigt wieder die aus den vorhergehenden Sälen bereits bekannten Symbole Maximilians, nämlich das Monogramm mit dem doppelten "M" unter der mexikanischen Kaiserkrone, sowie den Adler mit der Schlange im Schnabel. Diese Symbole wechseln sich mit florealen Voluten und dem Ananassymbol ab. Ein genau

Elisa Türck, Gemälde von Elisabeth von Österreich (1854)

Giovanni Guillemet, Gemälde von Napoleon III. (1850)

Carl Haase, Gemälde des Schlosses von Chapultepec

festgelegtes ikonographisches Programm zeichnet diesen Raum aus und es ist genauestens und meisterlich nach den Anweisungen Maximilians ausgeführt, der sie 1866 Carl Haase von Mexiko aus diktiert hat. Das Bild über dem Eingang zeigt die Wiener Hofburg und das Stadtzentrum vor der Fertigstellung des Rings. Links sieht man das Burgtor von Pietro Nobile und im Vordergrund die kaiserlichen Gärten. Diese Darstellung zeigt den offiziellen Sitz der Habsburger und weist damit auf Maximilians Herkunft hin. Weiter rechts sieht man ein Bild mit der Burg der Habsburger in der Nähe von Zürich, die heute zum Teil wieder aufgebaut worden ist. Mit diesem Bild wird auf den Ursprung der Familie und auf den Ort in der Schweiz verwiesen, aus dem Maximilians Ahnen stammten, bevor sie sich in Österreich niedergelassen haben. Die letzte Oberlichte schliesslich zeigt das Schloss von Chapultepec in Mexiko City, also Maximilians neuen Wohnsitz. Rechts am Ausgang befindet sich ein Kamin aus schwarzem belgischen Marmor, daneben die Gerätschaft zu dessen Bedienung, wie das elegant verzierte Holzgestell und die Eisengabeln mit dem Wappen Maximilians. Die Heraldik in diesem Saal ist vergleichsweise komplex: An der Decke, die in ihren geometrischen Formen das Fussbodenmuster aufnimmt, sieht man 52 Wappen, die alle in Bezug zu den Regionen des habsburgischen Imperiums stehen. In der Mitte stehen sich das Wappen Mexikos und das von Österreich gegenüber.

Saal XVI, der Konversationssaal

Saal XVI, der Konversationssaal

Die drei Oberlichte, die Maximilian dem Triestiner Maler Giuseppe Pogna in Auftrag gegeben hatte und die um 1866 ausgeführt sind, erinnern an seine grossen Leidenschaften: das Meer und den Garten. Über der Eingangstür sieht man den Olivenfels von Pola in Istrien, wo sich die Werft der kaiserlichen Kriegsmarine befand. Rechts oberhalb der Tür sieht man eins der ersten Bilder des Schlosses und des Parks, noch im Anfangsstadium mit nur wenigen und noch kleinen Bäumen, sowie im Vordergrund den italienischen Garten. Über der Ausgangstür hängt ein Bild des Chalets "Maxing", die kleine Villa, die sich Maximilian als Junge am Rand von Schönbrunn errichten liess und die ihm als Zufluchtsort vor der strengen Etikette bei Hof diente und ausserdem den idealen Ort zum Studium der Pflanzen und der Natur darstellte. Die Oberlichte sind von einer reichen Holzdekoration eingefasst mit bereits aus den Sälen XIV und XV bekannten Motiven. Der rote Stoff trägt hier das selbe Motiv wie die Vorhänge der Kapelle im Erdgeschoss: den Adler unter einer Krone sowie die Ananas in einem ausgearbeiteten florealen Rankenwerk. Genauso reich dekoriert sind die etwas hervorstehenden Schnitzereien und die Wappen, nämlich das von Charlottes Familie, die Wappen der deutschen, mit dem Hause Sachsen-Coburg und Gotha verwandten Dynastien und sowie das Wappen Maximilians. Rechts auf dem Kamin aus schwarzem belgischen Marmor steht eine Porzellanvase, ein Hochzeitsgeschenk Wilhelms von

Giuseppe Pogna, Gemälde des Parkes von Miramare und von "Maxing", in der Nähe von Wien

Cesare dell'Acqua, Gemälde von Leopold I. von Belgien (1866)

Preussen. In der gegenüberliegenden Ecke steht eine Marmorgruppe von Innocenzo Fraccaroli (1854) mit einer Darstellung Daedalos und Ikarus, die Maximilian 1858 während seiner Mailänder Zeit erworben hat. Auf der linken Seite steht eine kleine Sitzgarnitur mit vergoldetem Holz aus der Villa Lazzarovich und ein Tischchen mit einer detaillierten Mosaikarbeit, die Ansichten von Rom zeigt, und Kompositionen aus verschiedenfarbigem Marmor. Vor dem Ausgang befindet sich ein kleiner Konsolentisch mit neubarocken Formen und Marmorplatte, auf der eine Skulptur aus schwarzem Stein mit der Darstellung eines verletzten Löwen steht. Es ist der Entwurf für ein Denkmal von Leone Bottinelli (1867). Dieses Werk stand auf dem Friedhof von Lissa und erinnert an den Sieg auf See der Österreicher über die Italiener. An den Wänden hängen einige Portraits, von links: Ferdinand II. König beider Sizilien; Ernst von Coburg; Charlottes Vater Leopold I., kurz vor seinem Tod, ein Werk von Cesare dell'Acqua (1866); die Portraits von Charlotte und Maximilian als Kaiser von Mexiko, ein Werk von Eduard Heinrich (1863); Maria Theresia, die Königin von Neapel.

Saal XVII, der japanische Salon

Saal XVII, der japanische Salon

Schon seit seiner Jugend hatte Maximilian einen Hang zum Exotischen. Bereits in der Villa Lazzarovich lässt er einige Säle im maurischen Stil einrichten, deren Ausstattung und Möbel während seines Aufenthaltes in Triest ins Schloss gebracht wurden. Für Miramare zieht er Motive aus dem Fernen Osten vor und richtet einen Saal im japanischen Stil ein. Decke und Wände sind mit einem Seidenstoff mit florealen Motiven und Tierdarstellungen verkleidet. Die Vertäfelung an den Wänden besteht zum Teil aus Bambus und auch die Türflügel zeigen Blumen und Tierdarstellungen auf dunklem Untergrund. Die hier ausgestellten Objekte hat Maximilian auf seinen Reisen bei Antiquitätenhändlern erworben; sie stammen zum Grossteil aus europäischer Produktion, bis auf einige Stücke, die die Besatzung der "Novara" von ihrer Weltumseglung 1857 bis 1859 mitgebracht hat.

Saal XVIII, der chinesische Salon

Wie auch der vorige Saal war dieser Raum im Turm mit Blick auf das Meer ein Raucherzimmer. Hier herrscht eine Atmosphäre im chinesischen Stil. In der reichen Holzdekoration mit ausgearbeiteten Schnitzereien, insbesondere in der Oberlichte der Eingangstür ist Schwarz die vorherrschende Farbe. Die Wände sind zum Teil mit einem Seidenstoff mit Pagodenmotiv und Blumenranken verkleidet. In der Decke befindet sich eine Kuppel, deren Innenspiegel aus schwarzem Leder sind. In der Mitte hängt eine mit Drachen und anderen

Saal XVIII, der chinesische Salon

exotischen Tieren bemalte Glaslampe. Vasen, Skulpturen, Schränkchen, Paravents, Tischchen und Hocker stammen aus der Sammlung Maximilians, der hier eine Ausstellung von "Wunderwerken" im Sinn hatte, ganz wie es der Mode entsprechend in den Adelsresidenzen üblich war. Insbesondere war hier das chinesische Zimmer von Schönbrunn Vorbild, das Maria Theresia von Habsburg so sehr liebte.

Saal XIX, der historische Saal, auch der Saal von Cesare dell'Acqua genannt

Maximilian macht Miramare zum Studienobjekt, denn hat er als Abkömmling einer der wichtigsten europäischen Adelsfamilien seine Residenz angelegt. Zu diesem Zweck beauftragt er mit den Nachforschungen den Triestiner Historiker Pietro Kandler. Dieser macht sechs wichtige Episoden aus, die der Ort im Laufe der Jahrhunderte erlebt hat und übermittelt diese dem Maler Cesare dell'Acqua, denn der wiederum sollte eine gleiche Anzahl von Bilder dazu malen. In diesem Raum befinden sich die Darstellungen der Ereignisse, die in der Vergangenheit und zur Zeit Maximilians bei der Errichtung des Schlosses eine Rolle gespielt haben. Gleichzeitig ist es ein würdiges Vorzimmer zum Thronsaal. Auch

Saal XIX, der historische Saal, auch der Saal von Cesare dell'Acqua genannt

dieser Raum war in dem bereits bekannten roten Stoff mit Adler und der mexikanischen Krone verkleidet, wie das Photo aus dem offiziellen Schlossalbum beweist. Vor den verschlossenen Türflügeln ist eine Marmorbüste von Johann Halbig (1858) zu sehen, die Maximilians Mutter, Sophie von Wittelsbach, zeigt. Zu beiden Seiten steht ein Ebenholz nachahmendes, eingefärbtes Holzschränkchen mit Elfenbeindekorationen, während in der Mitte ein Tisch aus dem 19 Jahrhundert steht. Von rechts beginnend zeigt das erste Gemälde die Kaiserin Livia, während sie bei der Weinlese des für diese Gegend bekannten Pucino-Weins zuschaut (1858): Der Rahmen trägt die Inschrift: "Julia Augusti Pucino vino nec alio usa vitiferos colles Grinianos visit". Es folgt die Darstellung einer Episode, die bezeugt, dass die

Habsburger schon vorher in der Gegend um Miramare waren: Kaiser Leopold I. 1660 bei einem Besuch des Franziskanerklosters in Grignano (1857). Zu diesem Gemälde gibt es einen Entwurf mit ähnlichem Aufbau. Die Inschrift lautet: "Imperator Caesar Leopoldus I Fratres Minores Grinianenses praesentia sua laetificavit". Auch an den Besuch in Miramare am 18. Mai 1861 von Elisabeth von Österreich, der Gemahlin Franz Josephs, wird erinnert. Die Kaiserin kam nach einem Madeira-Aufenthalt nach Triest. Die von dell'Acqua gemalte Szene ist auch in der "Cronoca di Miramare" (ein Matrosen mit zum Gruss erhobenem Ruder. In der Mitte erkennt man Elisabeth in einem blauen Kleid, wie sie von Charlotte begrüsst wird. Die Szene spielt sich vor dem kleinen Hafen ab, wo die Erzherzöge Albert, Wilhelm, Heinrich und Joseph zusammen mit dem Prinzen Alexander von Hessen und der Gräfin Esterhazy (Hofmeisterin Elisabeths) sowie der Prinzessin von Auersperg (Hofdame Charlottes) stehen. Auf dem Platz oben spielt die Kapelle der Militärmarine. Auch zu diesem Bild legt Cesare dell'Acqua 1865 einen Entwurf vor, den er noch im selben Jahr umsetzt. Das Begleitschreiben

Cesare dell'Acqua, Gemälde des Besuches von Elisabeth von Österreich in Miramare, Detail

Tagebuch mit den Beschreibungen der wichtigsten Ereignisse von Weihnachten 1860 bis 1863 einschliesslich) beschrieben und hat den Charakter einer Momentaufnahme. Im Vordergrund sieht man die Schaluppe mit der britischen Flagge, denn Elisabeth kam mit dem englischen Dampfschiff "Victoria and Albert" an. An Bord sind auch Franz Joseph und Maximilian, rechts von ihnen die lautet: "Felix adventus Elisabethae Augustae ex insula fortunata oceani die XVIII mensis Maii MDCCCLX". Daneben hängt ein Bild mit der Darstellung des Besuchs der mexikanischen Delegation, die Maximilian die Kaiserkrone anbietet. Dieses Ereignis fand am 3. Oktober 1863 in einem Zimmer im Erdgeschoss statt, das später zum Schlafgemach umgestaltet wurde. Links auf dem Bild neben Maximilian erkennt man das

Cesare dell'Acqua, Gemälde der Ernennung Maximilians zum Kaiser von Mexiko

Tischchen aus Saal XIV, auf dem das zu unterzeichnende Dokument liegt. Auf der rechten Seite steht die mexikanische Delegation, angeführt von Josè Maria Gutiérrez de Estrada. Die Physiognomie der einzelnen Figuren ist so sorgfältig ausgeführt, dass man angenommen hat, die Szene sei mit Hilfe einer Photographie gemalt worden. Hinter Gutiérrez sieht man Pater Francisco Javier Miranda, Joachim Velasquez de Léon, Ignazio Aiguilar y Marocho, Josè Manuel Hidalgo, Adrian Woll, Conde de Valle, Antonio Arango y Escandon, Angel Iglesias y Dominguez, Josè Maria Landa. Das 1867 ausgeführte Bild trägt die Inschrift: "Corona Mexici Ferdinando Maximiliano archiduci per legatos oblata die III. mens. Oct. MDCCCLXIII". Ein Bild weiter hinten erinnert an die mythische Präsenz der Argonauten an der Mündung des Timavo, also ganz in der Nähe von Miramare. Es ist 1867 entstanden und trägt folgende Inschrift: "Anno MCLX a.ch.n. Argonautae ex Euxino in Hadriaticum veniunt humeris trans Alpem vecta nave". Das letzte Bild zeigt Maximilians und Charlottes Abreise nach Mexiko am 14. April 1864. Auf der rechten Seite sieht man die Schaluppe mit der mexikanischen Flagge und dem Kaiserpaar samt Gefolge. Im Hintergrund liegt das Schiff Novara mit Flaggengala und daneben die Yacht "Phantasie'. In der Mitte des Bildes erheben die Matrosen das Ruder zum Gruss und das jubelnde Volk grüsst vom kleinen Hafen und der Mole aus. Das Bild wurde 1866 nach den Anweisungen gemalt, die Maximilian dem Maler aus Mexiko zukommen liess. Auf dem Rahmen steht: "Die XIV. mens. April MDCCCLXIV Maximilianus imperator et Karolina uxor eius Mexicum adeunt". Cesare dell'Acqua erhielt auch den Auftrag, ein Gemälde für die Decke dieses Raums anzufertigen. Es zeigt Maximilian im Begriff, Anweisungen zum Bau der Anlage zu geben, und weist ihn als den Bauherrn von Miramare aus. Schaut man nach unten, so sieht man auf der linken Seite die Personifizierungen von Europa (mit heller Haut), von Amerika (mit einem Federschmuck und einer Ananas als Gabe), von Afrika (mit einer Palme in der Hand); im Hintergrund sieht man die Ankunft der Sphinx. Darüber befindet sich die Darstellung einer Blumen streuenden Flora und auf der Seite die eines Putten mit Füllhorn. In der Mitte sieht man die Symbole Mexikos, den Adler und die Schlange, die Maximilian das Zepter überreichen. Er steht in einem roten Gewand gekleidet in der Mitte und gibt dem geflügelten Genius Anweisungen, der seinerseits den Grundriss des Schlosses auf einen Bogen mit der Aufschrift "Miramar" zeichnet. Unten rechts erkennt man die Darstellungen von Architektur, Malerei und Bildhauerei. Die Decke trägt zwei Inschriften, von denen die zweite nach dem Tod des Kaisers angebracht wurde: "Ferdinandus Maximilianus Archidux Austriae Castellum Miramar fundavit MDCCCLVIII – Electus Mexicanorum imperator coronam oblatam accepit obiit in Queretaro MDCCCLXVII".

Saal XX, der Thronsaal

Mit einer Höhe von zehn Metern, die sich über den ersten und zweiten Stock erstreckt, und einer Länge von fünfzehn Metern, bis zum Park hinaus ist es der grösste Raum des Schlosses. Die Hofmanns haben dazu mehrere Entwürfe mit einer üppigen und redundanten Ausstattung im Stil des Zweiten Kaiserreichs ausgearbeitet, der ja die ganze Etage beherrscht.
Der Saal wird erst nach dem Tod des Auftraggebers fertiggestellt. Er hat den Thronsessel, für den der Raum bestimmt war, nie bestiegen. Der ganze Saal spiegelt in seiner Ausstattung das ikonographische Programm wieder, das sich Maximilian für seine Residenz ausgedacht hatte. Dem gemäss sollte dieser Raum der grossen Habsburger Dynastie gewidmet sein und ihrer glorreichen Geschichte gedacht werden, an die er gerade mit der Annahme der mexikanischen Kaiserkrone anschliessen wollte, denn zumindest zum Teil führte er das Reich so zu seiner Ausdehnung unter Karl V. zurück. Ausserdem war es Familientradition, wenigstens einen grossen Raum in der Residenz zu haben, der an die Vergangenheit der Häuser erinnern sollte: Als Beispiel soll hier der Habsburgersaal aus dem Jahre 1843 in Schloss Laxenberg zitiert werden, wo die Statuen der verschiedenen österreichischen Herrscher aufgestellt sind. Maximilians ikonographisches Programm schrieb gezielte Ausstattungsmassnahmen vor. Im oberen Wandabschnitt des Saals befinden sich Gemälde, Werke der Kopisten Josef Kiss und Friedrich Mayrhofer (1854-1855), einiger Herrscher aus dem österreichischen Adelshaus, den Kaisern des Heiligen Römischen Reiches. Ausgehend vom Eingang von rechts nach links sieht man: Rudolf I., Friedrich III., Maximilian I., Karl V., Ferdinand I., Rudolf II., Matthias, Ferdinand II., Ferdinand III., Leopold I., Joseph I., Karl VI., Franz II.. Über dem Eingang befindet sich ein Bild von Elisabeth von Österreich, der französischen Königin, und daneben ein Portrait des spanischen Infanten Karl, dem Sohn

Cesare dell'Acqua, Gemälde der Abreise nach Mexiko

Philipps II.. In den vier Ecken des Raumes sieht man hinter dem Eingang links Franz Stephan und ihm gegenüber seine Gemahlin Maria Theresia, die Tochter Karls VI.; gegenüber ihre Söhne Joseph II. und Leopold II., beide Kaiser. Alle Bilder sind Kopien nach Gemälden aus der jeweiligen Epoche oder nach Kupferstichen und hingen vor dem im Speisesaal der Villa Lazzarovich in Triest. Als eindeutige Glorifizierung der Habsburger hängen sich zwei Bilder gegenüber. Auf der rechten Seite hängt ein Bild des Malers Johann Nepumuk Geiger, das als Allegorie auf den Herrschaftsbereich unter Karl V. zu verstehen ist. Es zeigt eine Landkarte, auf der die Besitztümer der Habsburger rot eingezeichnet sind. Mit der Annahme der mexikanischen

Saal XX, der Thronsaal

Eduard Heinrich, Gemälde der Ahnentafel der Habsburger und der Lothringer

Johann Nepomuk Geiger, Gemälde der Allegorie auf den Herrschaftsbereich Karls V., Detail

Kaiserkrone wollte Maximilian das Reich zu seiner grössten Ausdehnung zurückführen. An der Bildbasis in der Mitte sieht man einen Pfau, dessen Federspitzen die Wappen der wichtigsten Städte und Regionen des habsburgischen Herrschaftsgebietes tragen.

An der gegenüberliegenden Wand thront ein Gemälde mit dem Stammbaum des österreichischen Hauses und der Lothringer. Ganz unten liest man den Namen des Stammvaters Rudolf, links die Namen der Habsburger, rechts der Lothringer. Die durch den Ehering verbundenen Namen von Maximilian und Charlotte stehen ganz oben. Auf der rechten Seite sieht man die Krone des Heiligen Römischen Reiches, die Krone des heiligen Stephan von Ungarn, die Krone von Wenzeslaw und die Eisenkrone. Das Gemälde ist ein Werk von Eduard Heinrich aus dem Jahre 1860. Die Kassetten zu beiden Seiten zeigen Bilder aus der Flämischen Schule vom Ende des 18. Jahrhunderts und sind von einem vergoldeten, venetianischen Rahmen aus der Mitte des 19. Jahrhunderts eingefasst.

Maximilians Wunsch war, in der Mitte des Saals das Portrait des "amtierenden Kaisers mit den offiziellen Merkmalen der Krönung" aufzuhängen, und im Gedenken daran ist vor Kurzem ein grossformatiges Bild neben den Thron gehängt worden, welches Maximilian im Gewand des mexikanischen Kaisers zeigt. Der Rahmen dieses Werks des mexikanischen Malers Santiago Rebull (1865) trägt Schnitzereien in Form zweier das Herrscherwappen tragender Greifen, womit die ideelle Anwesenheit des Auftraggebers symbolisiert werden soll. Die selben Greifen finden sich auch an der Basis des einfachen Throns aus dekoriertem Holz wieder.

Bis auf die reiche Vertäfelung sehen wir den Saal heute noch so, wie ihn die Hofmanns nach den Anweisungen Maximilians gestaltet haben. Bei Umbauarbeiten unter dem Herzog von Aosta 1930 wurde der Saal stark verändert und alle Dekorationen an Wänden und Decke entfernt. Er wurde in seiner Höhe reduziert und der neu entstandene Saal war einfacher und mit einigen Gemälden aus Maximilians Sammlung ausgeschmückt. Nur der ikonographische Apparat blieb ausgespart. 1976 begann die Oberintendantur mit den radikalen Restaurierungsarbeiten zur Wiederherstellung der Decke in ihrem ursprünglichen Aussehen. Dabei hat man die bis heute erhaltenen Photographien, Drucke und

Zeichnungen zu Hilfe genommen. Die Holzpaneele der Vertäfelung konnten leider nicht wieder angebracht werden, weil zu einer korrekten philologischen Wiederherstellung keine ausreichende Dokumentation vorliegt. Dafür wurde die im ursprünglichen Entwurf für die Musiker vorgesehene Kantorei wiederhergestellt und die Wappen der Städte und Regionen des österreichischen Herrschaftsbereichs wieder angebracht.

Saal XXI, der Speisesaal, auch Möwensaal genannt

Eingedenk seiner Liebe zum Meer lässt Maximilian die Kassettendecke dieses Saals mit 32 fliegenden Möwen bemalen, die Bänder mit lateinischen Sprüchen im Schnabel tragen. An der Deckenmitte stehen sich das Wappen von Belgien und das der Sachsen, sowie das der Habsburger und das der Lothringer gegenüber und dazwischen thront das erzherzögliche Wappen Maximilians über dem seines Vorfahren Maximilian I. Ausserdem hängen in diesem Raum einige Bilder mit Darstellungen aus dem Leben des Auftraggebers. Im Herbst 1850 gestattet das erzherzögliche Paar Franz Karl und Sophie ihren beiden jüngeren Sprösslingen Maximilian und Karl Ludwig eine Reise in den östlichen Mittelmeerraum, insbesondere nach Griechenland und in die Türkei. Mit dem Auftrag, die Höhepunkte der Reise auf Leinwand festzuhalten, nimmt auch der Maler Johann Nepumuk Geiger an dieser Expedition Teil. Als Erinnerung an diese unvergesslichen Erlebnisse und Eindrücke schreibt Maximilian ein Reisetagebuch mit dem Titel *Meine erste Reise*. Hinten rechts hängt neben der Tür ein Bild, das Maximilian auf dem Sklavenmarkt in Smyrna zeigt: Die beiden Brüder und ihre Begleiter in Zivilkleidung stehen links im Bild, auf der rechten Seite sieht man den Händler und im Hintergrund einige stehende und auf der Erde ruhende Frauen. Maximilian beschreibt diese Episode: «Im Schutz des grossen Gewölbes eines Hauses waren die türkisch gekleideten Sklavenhändler ... am Boden ruhten in Gruppen halbnackte Negerinnen ... sie lagen in verschiedenen Haltungen zu fünft oder zu sechst auf Matten». Das sehr detaillierte Bild in exotischer Manier nimmt Punkt für Punkt das auf, was im Tagebuch beschrieben worden ist. Das wiederholt sich auch auf dem zweiten Bild von Geiger, auf dem eine Einladung zum Mittagessen bei dem Pascha von Smyrna erzählt wird: «Er hatte uns nach alter türkischer Sitte zum Mittagessen eingeladen ... wir setzten uns auf weiche, niedrige Hocker und die Gesellschaft verteilte sich auf zwei Tische. Halil Pascha, Prinz Jablonowsky, Baron Koller, der Generalkonsul, mein Bruder und ich

Saal XXI, der Speisesaal, auch Möwensaal genannt, Detail der Decke

Johann Nepomuk Geiger, Gemälde von Maximilian mit dem Pascha von Smyrna

Johann Nepomuk Geiger, Gemälde von Maximilian an Bord des Kaik des Paschas

setzten uns an eine dieser Tafeln, und warteten ungeduldig darauf, was uns serviert werden würde». Mit grosser Wahrscheinlichkeit hat dieser Aufenthalt Maximilian bei der Gestaltung einiger Räume im maurischen Stil in der Triester Villa Lazzarovich beeinflusst. Weiter links hängt ein drittes Bild von Geiger. Hier sieht man Maximilian und seinen Bruder bei einem Ausflug im Golf von Smyrna an Bord des Kaik des Paschas: «Wir fuhren zur Küste ... dort erwartete uns die lange, jedoch enge Barke des Pascha ... aus sehr schönem, geschnitzten Holz ... unter einem scharlachroten Baldachin». Weiter hinten, auf der anderen Seite, ebenfalls neben der Ausgangstür erinnern zwei Bilder an Charlottes Aufenthalt in Mexiko. Sie zeigen die von einem Zuavenkontingent eskortierte Kaiserin auf ihren Ausflügen. Diese Bilder sind von Jean Auguste Beauce: Das aus dem Jahre 1866 zeigt Charlotte unter einem Baum bei einer Rast. Auf dem aus dem Jahre 1867 sieht man ein Feldlager. An der rechten Wand hängen zwei Bilder von Jean Portaels mit einer Darstellung der Jüdin von Kairo und einerFrauenfigur mit arabischer Kopfbedeckung. Der belgische Maler hat sie während oder nach einer Nordafrikareise im Jahre 1842 ausgeführt. Die jüngst reproduzierten Oberlichte zeigen Blumen- und Tiermotive und auf den beiden Ovalbildern neben den Balkontüren sieht man die Portraits Kaiser Franz I., Maximilians Grossvater, und dessen vierte Frau, Karoline Augusta von Bayern. Die Möblierung verrät, dass dieser Raum im Winter genutzt wurde.

Der Park

Die Entstehung

Es gibt nur sehr wenige Bilder, die das Vorgebirge von Grignano vor 1855 zeigen, also dem Jahr, in dem Maximilian die ersten Grundstücke erwirbt: Das Gebiet war mit Ausnahme weniger Sträucher und Flaumeichen unbewachsen. Als er im darauffolgenden Jahr den Landkauf abschloss, entschied der damalige Erzherzog, dass hier ein Park mittlerer Grösse angelegt werden sollte, den man auch zu Fuss durchqueren konnte. Dieser noch ungestaltete Ort sollte für botanische Gärten vorgesehen werden und nach neuen Entwürfen geformt sein. Miramare ist als privater Wohnsitz und nicht als Repräsentationssitz einer Herrscherdynastie entstanden: Es besitzt keinen monumentalen Eingang oder eine Allee, die zum Schloss führt. Nur wer vom Meer her kommt und am kleinen Hafen anlegt – damals ein beliebter Ankunftsort – kann den weiten und prächtigen Ausblick auf die Gartenterrasse mit den Blumenbeeten geniessen. Betritt man den Park, so ist es fast, als würde man sich auf einer langsam ablaufenden Entdeckungsreise ins Grüne befinden.

Das Vorgebirge erweist sich als wahrer Landschaftsgarten, denn dieser passt sich den ausgezeichneten Entwürfen folgend dem felsigen Untergrund an: Die gerade Linie ist verbannt und es herrscht eine scheinbar ungeordnete und wilde Natur, unterstrichen durch die steile Küste. Ein Wundergarten, der eigentlich nicht für die öffentliche Nutzung gedacht war, auch wenn der Auftraggeber ihn einige Tage pro Woche dem Publikum zugänglich macht. Wasserläufe, kleine Seen, gewundene Wege, ganz naturgemäss gepflanzte Bäume und nur ein paar Grasflächen prägen ihn, all das entspricht genau den Kriterien des englischen Gartens. So entwickelt sich eine gesteuerte und unter jedem Gesichtspunkt durchdachte Vegetation. Zur Urbarmachung wird lediglich Erde aus der Steiermark und aus Kärnten herbeigeschafft und grössere Felsbrocken werden beseitigt, das ursprüngliche Aussehen jedoch nicht verändert. Die Schroffheit des Geländes unterstreicht die unregelmässige und gewundene Form, die den Park prägt, und zwar so sehr, dass man diese gekonnte Umwandlung mit einem natürlichen Gelände verwechseln könnte.

Ganz nach den Regeln zur Gestaltung romantischer Gärten ist die Überraschung eine der Hauptkomponenten bei der Anlage des Parks: Ganz unerwartet bietet sich ein Ausblick aufs Meer oder unvermutet die Ansicht eines Wäldchens oder ein ungewöhnliches Panorama.

Wie auch schon beim Schloss bestimmt Maximilian selbst den Entwurf und Carl Junker führt diesen dann aus. Zur botanischen Gestaltung ruft der Auftraggeber den Gärtner Josef Laube, der von Maximilian auch dann genaueste Anweisungen erhält, wenn dieser nicht selbst in Triest weilt: Der ursprünglichen Idee zufolge sollten im Park typisch mediterrane Bäume wachsen, doch die Orangen- und Zitronenbäume überleben den ersten strengen Winter nicht Deshalb entschliesst sich Maximilian 1859 zu einer radikalen Wende und

Der Pier mit der Sphinx

beauftragt den böhmischen Gärtner Anton Jelinek mit der Leitung der Arbeiten. Jelinek hatte an der Weltumseglung der Novara Teil genommen. Die in einem Album aufbewahrte Junkersche Planimetrie scheint beispielhaft: Der östliche Abschnitt wird von einer "Waldbepflanzung" mit Serpentinenwegen beherrscht, die sich den orographischen Gegebenheiten des Ortes anpassen; der südliche Abschnitt und der windgeschützte Teil im Westen, ist mit seinen schön entworfenen Beeten dem Garten im italienischen Stil gewidmet, insbesondere die Blumenbeete auf der Seite zum Meer hin und der Abschnitt mit Lauben und Gazebos um das Schloss herum. Diese Pläne werden jedoch nur zum Teil verwirklicht. Der formale Teil fällt sehr viel kleiner aus und dem Wald kommt mehr Raum zu, auch weil die Überlegungen des Erzherzogs eine andere Richtung einschlagen. In Jelineks Berichten an Maximilian, der nicht ständig vor Ort sein kann und später nach Mexiko abreist, ist hauptsächlich von Baumbepflanzung die Rede und nur wenig von Blumen oder Blumenbeeten, in Folge des Mexiko-Aufenthalts Maximilians beherrscht dann auch diese Pflanzenart den Park, da er zahlreiche Exemplare von Mexiko nach Miramare schickt. Ein Beweis dafür ist die auf den 30. Dezember 1866 datierte Planimetrie Wilhelm Knechts mit einigen Abänderungen für den nördlichen Teil des Parks, die Maximilian von Puebla nach Miramare schickt. Mit den ausgedehnteren Waldflächen nimmt die Anlage ganz klar das Aussehen eines Landschaftsgartens an und das formale Aussehen beschränkt sich im Eingangsbereich auf den italienischen Garten, der aber keinen Zugang zum Meer besitzt, zugleich sind auch die Blumenbeete in der kleinen Hafenanlage, sowie rund um das

Das Parterre

kleine Schloss entfernt worden. Lediglich an der Nordseite des italienischen Gartens – wo ein grösseres Museumsgebäude zur Unterbringung der ägyptischen und ethnographischen Sammlung hätte errichtet werden sollen – befindet sich eine Grünfläche mit Baumreihen an den Seiten und einer eher geometrischen Gestaltung des Gartens, wahrscheinlich um das Museumsgebäude hervorzuheben, das Maximilian sehr am Herzen lag. Wenn die Angabe im Schlosstagebuch stimmt, dass Jelinek am 7. Juni 1862 die grundlegenden Arbeiten zur Parkanlage beendet hat, kann man davon ausgehen, dass Maximilian die meiste Zeit bei der ursprünglichen Gestaltung dabei gewesen ist und daher am 14. April 1864 beruhigt nach Mexiko abfahren konnte, während Jelinek die Arbeiten weiterführte und ihn über den Fortlauf informierte.

Im Park befinden sich auch einige bereits in Junkers Entwurf vorgesehene Gebäude. Gleichzeitig mit den Bauarbeiten zur Errichtung des Schlosses wird nach dem Vorbild der Residenz ein Schlösschen begonnen, in dem das Paar 1858 und 1859 zeitweilig wohnte und wo Charlotte von 1866 bis 1867 nach ihrer Rückkehr aus Mexiko und vor ihrer definitiven Abreise nach Belgien Zuflucht fand. Sein äusseres Erscheinungsbild nimmt die für die kleinen Parkchalets der Zeit typischen Architekturmerkmale auf: Zinnen, Türmchen und Dekorationselemente aus Terrakotta oder Schmiedeeisen verzieren die Fassade. Im ersten Stock kann man heute noch die vollständige Innenausstattung bewundern, die aus

der Villa Lazzarovich hierher gebracht wurde, insbesondere die der Räume im maurischen, im "nordischen" und im "flämischen" Stil. Dem Vorplatz genau gegenüber befindet sich die noch originale, charakteristische Gewächshaus-Anlage aus Glas und Eisen, in der die Pflanzen gezogen wurden, die dann den Park verschönern sollten.
In Richtung des italienischen Gartens erhebt sich die Kapelle von San Canciano mit einem aus dem Holz der Novara geschnitzten Kreuz, das Maximilians jüngerer Bruder Ludwig Viktor 1900 im Gedenken an den tragischen Tod des mexikanischen Kaisers hier anbringen wollte. Im unteren Abschnitt des italienischen Gartens befindet sich ein kleineres Haus, in dem heute ein Kaffeehaus untergebracht ist.
Von den kleinen, über den ganzen Park verteilten Gebäuden zur Unterbringung des Dienstpersonals auf Miramare soll das sogenannte "Schweizer Häuschen" erwähnt werden. Es liegt am Ufer des Schwanensees und entspricht ganz den damaligen Vorstellungen von einem Landhäuschen, bzw. einer Berghütte. Am heutigen Eingang befinden sich die Stallungen für die Pferde und Kutschen. Das schlichte Gebäude bestand ursprünglich aus einem Erdgeschoss und zwei aufgestockten Gebäudeflügeln. Nach der Ankunft des Herzogs von Aosta im Jahre 1930 wurde das Gebäude um ein Stockwerk erhöht und diente als Unterbringung des in Miramare tätigen Dienstpersonals. Nach dem radikalen Umbau durch die Oberintendantur ist das Gebäude nun als Ort für Wanderausstellungen eingerichtet.
Miramare zeigt sich also in einer für den Golf von Triest neu geschaffenen Landschaft: Ein grüner Fleck in einer damals ausgesprochen kahlen und unbewachsenen Karstlandschaft. Es ist ein zugleich ein natürliches und

Der Lotusteich

künstliches Gebiet mit einer bestimmenden, ganz persönlichen Note, die eine romantische Weltanschauung verrät. Im höher gelegenen Teil der Parklandschaft wird der ganz sanft zum Meer führende Wald zum Garten und stellt somit wahrscheinlich einen der Höhepunkte für die gesamte Anlage dar. Verglichen mit den Gärten der grossen Adelsdynastien im 19. Jahrhundert ist dies eine absolute Neuheit, verrät aber Maximilians Streben nach unendlichen Sphären und den Wunsch, sich in einer ideellen Schönheit verlieren zu können. Und dabei handelt es sich um Werte, die einem Landschaftsgarten mit einem direkten Kontakt zur Natur eigen sind: Vielfalt, Unregelmässigkeit und Bewegung sind die Kriterien, denen auch Miramare entspricht.

Die Bäume

In Miramare sieht Maximilian den geeigneten Ort zur Anlegung experimenteller botanischer Versuchsgärten und zur Akklimatisierung exotischer Pflanzenarten. Und so lässt er auch Bäume aus Mexiko und anderen Regionen Amerikas hier anpflanzen, zusammen mit heimischen Arten. Schon bei oberflächlicher Betrachtung erkennt man, dass der Baumbestand ganz gezielt und je nach geeignetem Standort nach Gruppen geordnet hier angepflanzt wurde. Im oberen Abschnitt des Parkes, östlich vom Schloss, stösst man auf die österreichische Schwarzkiefer (*Pinus nigra*), die man auch in einigen Gegenden der Triestiner Karstlandschaft antrifft. Sie wurde damals als Windfang gegen die in dieser Region häufig auftretenden, starken Böen der Bora angepflanzt. An verschiedenen Stellen des Parks wurde eine heimische Vegetation angelegt, das heisst eine Waldbepflanzung mit Sommereichen, Flaumeichen, schwarzen Hainbuchen und Eschen, zusammen mit einigen Steineichen (*Quercus ilex*). Weit verbreitet war zu Maximilians Zeit auch der Erdbeerbaum, vor allem Exemplare des *Arbutus unedo*, die man auch auf dem Weg vom italienischen Garten zum Schloss und um den Vorplatz des Schlösschens herum sieht.
Zu den exotischen Hölzern um den Schwanensee und den italienischen Garten herum gehört die *Sequoia sempervirens* und der Mammutbaum (*Sequoia gigantea*, aus Nordamerika und Kalifornien), sowie ein paar Exemplare der Sabiner-Kiefer und der Monterey-Zypresse (von der kalifornischen Küste), die an der Zufahrt zur Staatsstrasse 14 stehen. Beachtenswert sind die Exemplare des *Cedrus atlantica*, des *Cedrus deodara* und des libyschen *Cedrus*. In Nähe des Lotusteichs wächst auch eine *Ginko bilboa* (aus China). Am Eingang in Nähe der Staatsstrasse 14 gibt es auch ein Exemplar der *Araukarie*, eine Tannenart aus den nördlichen Anden.
Zu Lebzeiten Maximilians war das Parterre von exotischer Vegetation bewachsen, mit Palmen und Yuccas beträchtlicher Grösse, welche die Statuen auf den hohen Säulen proportionierter erscheinen liessen. Einige der von Maximilian hier angepflanzten exotischen Arten haben überlebt, andere haben die Zeit nicht überstanden, doch die botanische Anlage, die dem Auftraggeber vorschwebte, ist im grossen und ganzen auch heute noch erkennbar.

Die Dekoration

Ein wichtiger Aspekt bei der Ausgestaltung des Parks liegt in der Sorgfalt, mit der sich Maximilian dem

Garten gewidmet hat. Sein ikonographisches Programm ist eindeutig: Im italienischen Garten soll eine Reihe von Statuen aufgestellt werden, die an die klassischen Vorbilder in den königlichen Gärten erinnern sollen. Darum erwirbt er im Februar 1859 bei dem Bildhauer Giovanni Pandiani eine Bronzekopie des Standbilds Napoleons I. von Antonio Canova, die dann am Ende des Laubengangs am Schwanensee aufgestellt wird. Zur Ausschmückung der Brunnen und des Parterres hingegen bestellt er einige schon fertige Skulpturen bei der Berliner Firma Moritz Geiss, die zusammen mit Friedrich Kahle der wichtigste Zulieferer ähnlicher Werke für die deutschen Gärten in der damaligen Zeit ist. Auf den Säulen im Parterre werden unter anderen eine Merkurstatue und die Medici-Venus aufgestellt, während beim Kaffeehaus eine Meleagros-Statue und die Venus von Capua zu sehen sind. Diese Werke bestehen aus einem damals ganz neuen Material, nämlich aus Zinkguss. Ab 1830 liefert die Firma Geiss Statuen, Kapitelle, architektonische Dekorationselemente und Vasen aus diesem leichten Material, das nicht schwer zu handhaben ist und eine modellgetreue Reproduktion gestattet. Doch vor allem ist der Zinkguss wetterbeständig, er hält Wind, Regen und der salzhaltigen Luft im Park stand. Allerdings wurde das Material kaschiert: Die meisten Plastiken besassen eine rötliche Kupferpatina, die sie noch kostbarer erscheinen liess. Spuren davon finden sich in der Skulpturengruppe mit berittener Amazone, eine Kopie von Joseph Kiss, die Maximilian nach ihrem Vorbild im Alten Museum in Berlin oben an einer Treppe aufstellen lässt, und zwar am Vorplatz des Schlosses. Ganz in der Nähe befindet sich auf

Die Kannonen

einer Säule die Büste Leopolds von Habsburg, in Erinnerung an die Übergabe Triests an Österreich im Jahre 1382.
Zu der von Maximilian angeordneten Ausstattung gehören auch mehrere Kanonen, ein Geschenk Leopolds I.. Sie stehen auf einer Terrasse mit einer wunderschönen Aussicht auf das Schloss und ihre Rohre weisen auf das Meer. Auch die Aufstellung der Sphinx, ein Fundstück aus ptolemäischer Zeit, III. Jahrhundert v. Chr., beruht auf einem Einfall des Auftraggebers. Sie befindet sich am oberen Kai der Hafeneinfahrt.
Ausser den von Maximilian hier aus rein dekorativen Gründen aufgestellten Werken, wurden im Laufe der Jahre dem Park zwei weitere Gedenkstatuen hinzu gefügt: Das Standbild Maximilians, ein Werk des Bildhauers Johann Schilling, das 1875 an der Piazza Giuseppina di Trieste (heute Piazza Venezia) eingeweiht, nach dem Ersten Weltkrieg entfernt und 1961 im Eingangsbereich des Parks von Grignano aufgestellt wurde; ferner ein Standbild in Erinnerung an Amedeo von Aosta, ein Werk von Marcello Mascherini, das 1971 am Ende des sogenannten "Rosenwegs" aufgestellt worden ist.

Literaturhinweise

AA.VV., *Un giardino in riva al mare. Il parco di Miramare ieri e domani: vicende storiche e prospettive culturali*, Trieste 1986.

B.Hamann, *Die Habsburger Lexikon*, Wien, 1988.

R. Fabiani, *Il Castello di Miramare. Itinerario nel museo storico*, Trieste 1989.

R. Fabiani, *La residenza di Massimiliano d' Asburgo* in *Abitare la periferia dell'Impero*, Ausstellungskatalog, Trieste 1990, pp. 76 ss.

F. Venuto, *Giardini del Friuli-Venezia Giulia*, Pordenone, 1991.

A.Cimino Folliero De Luna, *Massimiliano d'Austria e il Castello di Miramare*, Gorizia 1994.

R. Fabiani, *Il Castello del nobile e il palazzo del borghese: due dimore a confronto* in *Sogno e consapevolezza del cosmopolitismo triestino. Pasquale Revoltella 1795-1869*, Ausstellungskatalog, Udine 1996, pp. 341 ss.

R. Fabiani, *Il Castello di Miramare* in *Sogno e consapevolezza del cosmopolitismo triestino. Pasquale Revoltella 1795-1869*, Ausstellungskatalog, Udine 1996, p. 353 ss.

R. Fabiani, *Il Castello di Miramare. Da residenza nobiliare a museo storico* in *Case museo e allestimenti d' epoca: interventi di recupero museografico a confronto*, Tagungsbericht, Saluzzo 1996, im Druck.

R.Fabiani, *Sono arrivate da Geiss le ultime statue. Le sculture di Massimiliano nel parco di Miramare*, in *Miramare. Sculture nel Parco*, Ausstellungskatalog, Trieste 1997.

R. Fabiani, *Miramare. Guida al castello e al parco*, Trieste 1997.

R.Fabiani, *Un giardino paesistico sull'Adriatico e il parco di Massimiliano* in *Giardini Regali. Fascino e immagini del verde nelle grandi dinastie: dai Medici agli Asburgo*, Hrsg. Monica Amari, Ausstellungskatalog, Milano 1998.

R.Fabiani, *Apparati didattici e informativi nel Castello di Miramare a Trieste*, in *Abitare la Storia. Le dimore storiche/museo*, Tagungsbericht, Torino 1998.

R.Fabiani, *Il viaggiatore deve cercare in un paese straniero l'espressione dello spirito, la concretizzazione dei suoi ideali: Massimiliano d'Asburgo e l'esotismo*, in *Itinerari messicani attraverso le Camere delle Meraviglie e la Collezione Bottacin*, Ausstellungskatalog, Padova 1998.

R.Fabiani, *Schloss und Park Miramare. Vergangenheit und Gegenwart zwischen Geschichte und Bewahrung*, in *Historische Gärten. Schutz und Pflege als Rechtsfrage*, Tagungsbericht, Wien 2000.

Dieses Buch wurde im Auftrag der Mondadori Electa S.p.A.
in der Druckerei Martellago Mondadori Printing S.p.A.,
via Castellana 98, Martellago (Venedig), im Jahre 2003 gedruckt